深田浩市

天皇家の卑弥呼

誰も気づかなかった三世紀の日本

鳥影社

天皇家の卑弥呼

——誰も気づかなかった三世紀の日本——

目次

第一章　卑弥呼は天皇の娘だった

第二章　卑弥呼の時代を特定する

第三章　狗奴国の卑弥弓呼とは誰か

天皇家の卑弥呼

——誰も気づかなかった三世紀の日本——

第一章　卑弥呼は天皇の娘だった

不毛な行程論争

大和の纏向《まきむく》遺跡からは田畑を耕す鍬《くわ》はほとんど出土せず、建築に使う鋤《すき》は出土するという。

そして、出土する土器からわかったことは、概ね二世紀末以降からこの遺跡は利用され、しかも東は駿河（静岡）、西は大分県まで、広範囲に至る交易があったことである。

そのような広範囲の土器が同じ場所から出てきた例は、全国のどこにもない。

このことは、ヤマトの中心地であった纏向が、農村集落などではなく、全国の物産が集結する行政、商業の大都市だったことを示している。

日本中の特産物は、各国の土器に詰められ、陸路、或いは海から大和川を遡上して運ばれていた。

賑やかな市があり、中央には荘厳な宮殿が並び、それを衛兵が警護していただろう。

そしてその背後には日本民族の精神的支柱である三輪山が聳えている……。

そのような集権能力のあるヤマトの記録が、魏志からすっぽり抜け落ちるなどということがあり得るだろうか。

魏志を信じる限り、「邪馬台国」はかなり大規模な国家または国家群であり、同じ時期に全国規模で大規模な交易をしていた「ヤマト」が別国家だったのならば、ヤマトの存在が魏志に記録されていないというのはあまりにも不自然なのである。

また、邪馬台国がヤマトと違う別国家であったとして、その邪馬台国が友好・険悪関わりなく、関東から九州まで広く影響力を持っていたヤマトとなんらの関係もなかったなどということが、あり得るだろうか。

確かに魏志には、狗奴国《くな?》の王、「卑弓弥呼《ひみここ》」なる人物が卑弥呼《ひみこ》と不仲だったと述べている。強いて言えば、この狗奴国がヤマト国であるとすれば、一応「魏志」に登場していることにはなる。

だが、この狗奴国を後のヤマト国と見做すのは相当な無理があり、私の知る限り、畿内説、九州説の論者共にそう主張する人はいない。

詳細は後に譲るが、狗奴国＝ヤマトなどという説は成立しない。

そして、魏志の中で「邪馬台国」と「狗奴国」以外にヤマト国の候補となり得る国など存在していないのだ。

「邪馬台国」＝北九州の勢力とすれば、三世紀に確実にあった大規模な都市を持つヤマト国、大分県の産物を流通させていたヤマト国が、魏志に一切出てこないことになってしまう。

これは魏側が日本の実情を極端なまでに全く理解せず誤解していた、とでもしなければ説明できない問題であろう。

常識的に考えて、邪馬台国＝ヤマト国と見做さざるを得ないのである。

邪馬台国がヤマトでないのであれば、むろんヤマト側、つまり日本側の記録や伝承、古文書にも異国である強大な「ヤマタイ国」のことが残っていてもよさそうなものである。しかし、伝承はおろかそのような形跡さえ存在しない。

そもそも魏志は壱岐島（一支国）を一大と書くなど誤字が多い文献だ。

魏志にある「邪馬壹《やまい?》国」とヒミコの後継者たる女王「壹與《いよ》」は、後漢書や梁書ではそれぞれ「邪馬臺《やまたい》国」「臺與《トヨ》（台与）」とある。

しかも、「隋書」に「俀国は邪靡堆《やまたい》を都とする。即ち、いわゆる魏志にいう邪馬臺国《やまたい》である」とあり、伝えられる「魏志」の「壹（い）」文字は本来すべて「臺（たい、と）」だったと思われる。

読み方は「やまと国」「やまたい国」あたりで、「大和」以外に該当しそうな国名など存在しないといえよう。

万一「壹（い）」が本来の表記だとすれば「やまい国」となるが、こんな国もあったとは到底考えられない（「隋書」には「壹〈い〉」の個所を「堆〈たい〉」とある以上、隋の時代は魏志もまだ「邪馬壹〈やまい〉国」ではなく「邪馬臺〈やまたい〉国」と正しく印字されていた可能性が極めて高い）。

魏志にある、「邪馬台国」への行程の不可解さはなお残る。

魏志によれば、「邪馬台国に至るには、その版図の北限である狗邪韓国《くやかんこく》（伽耶《かや》か。現在の韓国南部）から海を千余里渡って対馬国、また海を千余里渡って一大（支）国（壱岐）、さらに南へ海を渡り千余里で末盧国《まつろ》（福岡県松浦か）に達し、ここには四千余の居宅があり、山と海に面して住んでいる。前を行く時、草木が生い茂って前方を歩く人が見えない。魚類やアワビを取ることを好み、水深に関係なく皆潜水してこれらを取る云々」とある。

東南に陸行五百里で伊都国《いと》（福岡県糸島か）、さらに百里で奴国《なの》（福岡県志賀島で「漢倭奴国《かんのわのなのこく》王印《おういん》」〈国宝〉が発見されており、この地域を含む小国家だろう）、東に百里で不彌国《ふみ》（福岡県太宰府〜宇美町あたりか）とする。

ここまではいい。船で対馬海峡を渡り、本土に至る最短距離にある松浦に到着したと受け取れる。

そこから海岸沿いに東に移動し、印象的だった体験を描写していると見ていいだろう。魏の使節が実際の見聞録を書いたという感じはある。

ところがここから描写が突然抽象的になる。

南の投馬国《とうま》に至るには水行二十日、邪馬台国の女王の都に至るには水行十日、陸行一月とある。

方角を信用すれば、九州のさらに南方、太平洋上に至りそうな内容であるが、日程を見る限りは大和地方あたりが妥当でもある。

問題は、途中まで（といっても九州北部だけだが）里数で記述していた地理が、突然水行何日陸行何日と漠然と描写されている点である。

仮に邪馬台国をヤマトとすれば、狗邪韓国（魏志はここが邪馬台国領土の北限であるとしている）から福岡県であろう不彌国までの距離と、不彌国から邪馬台国までの距離は雲泥の差である。

本当に魏の使節が邪馬台国に到着していたのであれば、その位置が九州北部、畿内に関わらず、その道程の描写や地理、邪馬台国の様子が距離も含めて事細かく具体的に描写され示されていてもよいはずである。

当然首都の高官となればもっと印象的だったはずで、対馬や壱岐の官や副官を記録した使節がこれを記録しない訳がない。

しかし、実際はそうではない。邪馬台国については「（ヒミコの）居住する宮殿、楼観、城柵が厳かに建てられ、守衛が常に数名守っている」これだけである。古代中国の記録だから、ということを割り引いても、これはあまりに抽象的であるというほかない。

本来倭国の首都でヒミコの宮殿となれば、書くことはテンコ盛りだったはずだ。だがこれだけなのである。

道中や風俗の記録と比べても、これは極端に具体性に欠け、かなりの確率で、使節が到着したのは北九州の不彌国止まりだったと見た方がいいだろう。

まだまだ遥か遠いところに倭国の首都があるのだ、と説明を受け、実際に訪問することを諦め、邪馬台国の使節から聞いたことをそのまま魏志に記録しただけではないのか。

「魏志」には「正始《せいし》元年、太守弓遵《きゅうじゅん》は建中校尉梯儁《けんちゅうこういていしゅん》を遣わし倭国に詣《いた》り、詔書、印綬を奉じ、倭王に拝仮《はいか》し」とあることから、実際に使節がヒミコに会いに行ったとの説もある。

仮にそうだったとしても、結局その行程や方角などはほとんど「倭人伝」には反映できなかったという他はない。

また、邪馬台国側の使節も、或いは首都の位置を正確に描写することを躊躇《ためら》ったのかもしれない。

人工衛星で全てが丸見えの現代とは違って、地理や地図はその国の安全保障上の重大な軍事機密だった。

江戸時代後期、長崎にいた医師シーボルトが追放されたのも、伊能忠敬が作った日本地図を国外に持ち出そうとしたからである。

魏との外交交渉がうまくいくとは限らない状況で、ペラペラと邪馬台国の行程を正確に語る危険性を、使節は十分理解した上で、方角を敢えて誤魔化し、適当にあしらった……とは考えられないだろうか。

後述のように、伊勢神宮は三輪山や二見、夏至線などを総合的に理解し、測量できなければ建設できない位置にあり、そんな彼らが方角を間違ったり水行十日、陸行一月などの表現しかできなかった訳がない。

邪馬台国の使節が、意図的にその場所の説明をはぐらかしたのではないかと見る所以である。

しかし行程に関しては、これ以上論議を重ねたところで、魏の記録自体が明らかに間違っており、九州なのか畿内なのか特定できないレベルであり、百花繚乱の説があふれている以上、あまり意味はない。

こと行程と方角に関しては論議する価値はない。

また行程に登場する各国名を実際の日本の地名に当てはめてもせいぜい語呂合わせの域を出ない以上、実に不毛な論争が続くだけであろう。

何か別の特定できる要素がなければならない。


もっとも、単純に邪馬台国畿内説が正しいかと言えばそう単純ではない。

肝心の「邪馬台国」の女王「卑弥呼」自身の正体が不可解極まりない。

「邪馬台国」つまり「三世紀のヤマト国」に女王などいたというのならば、何故そのことが記紀（古事記と日本書記）に記録されていないのか。

　これがまた「邪馬台国」とヤマトとは別国家であるとされる所以の一つであり、「畿内説」論者にとっては最大の弱点のひとつでもあろう。

　しかしながら、冷静に魏志や「日本書紀」「古事記」あるいは「旧事記《くじき》（先代旧事本記。物《もの》部《のべ》氏の系譜を中心にまとめられた古典）」といった日本の古典を読み解き、それに日本の文化風土や神社伝承を加えれば、これら諸問題の謎が綺麗に解けるのである。

　ここから、「邪馬台国」は「大和国」であった、とした場合に何が言えるか、どう説明できるかを考察していきたい。

ヒミコのプロフィールを精査する

（邪馬台国は）もとは男子をもって王となし、往《とど》まること七、八十年。倭国が乱れ、たがいに攻伐すること暦年。

　そこで、共同して一人の女子を王とした。

名を卑弥呼といい、鬼道に従い（呪術で）よく衆を惑わす。

年齢は既に高齢で夫はなく、弟がいて国の統治を補佐した。

王位に就いて以来、会えるものは少なく、婢《はしため》（下女）が千人、自ら侍《はべ》らせている。

ただ一人の男性が食事を給仕し、伝辞のため居宅に出入する。

宮室、楼観、城柵をおごそかに設け、いつも人がおり、兵器を持って守衛する。

景初《けいしょ》二（二三八。景初三年の間違いか）年六月、倭の女王が大夫難升米（ナシメ？）、（および副使都市牛利〈ツシゴリ？〉）を遣わしてきた。

正始八（二四七）年
倭の女王卑弥呼は、狗奴（クナ？　カノ？）国の男王卑弥弓呼（ヒミココ？）と元から不和である。（これより先に、「狗奴国のみ女王に属さない。その官は狗古智卑狗〈クコチヒク？　カウチヒコとも〉という」とある）。

倭の使節が双方攻撃する状況を説明しにきた。

難升米に詔書や黄幢《こうどう》を仮に与えて檄《ふれぶみ》を作って与えた。

以て（すでに）卑弥呼は死んでいた。

大きな塚を作った。直径百余歩、殉死する者は奴婢百余人。

あらためて、男王を立てたが、国中が服さず、お互いに誅殺しあい、当時千余人を殺した。卑弥呼の宗女の壱与（台与《とよ》）という十三歳のものを立てて王とし、国中はようやく治まった。

魏志より抜粋

「会えるものが少ない」「下女が千人」「独身」「鬼道で大衆を惑わす」

日本においては古代天皇あるいは女帝がこのような環境にあったとは考えられておらず、研究者を悩ませている。

もっとも、あくまで古代中国人があやふやな情報をもとに又聞きしたものを中華思想の偏見でまとめたものに過ぎないため、錯誤や誤解、偏見による妄想や空想もあるだろう。基本的にはあくまで邪馬台国側の使節である「大夫である難升米《なしめ》」や「副使の都市牛利《つしごり》」などから聴取した内容を記録したに過ぎない。

その点を覚悟したうえで箇条書きにすると、

①　ヒミコ以前、日本では男王が治めていたが戦乱が絶えず、これを収拾するため、皆が共同してその後ヒミコを立てて王としたところ、戦乱が収まった。

②　ヒミコは魏の知らない宗教の指導者であり、その不思議な力で国民の支持を得ていた。
③　ヒミコは高齢で独身だった。
④　ヒミコの実弟が政治を手伝っていた。
⑤　ヒミコに会えるものは、一人の男性以外ほとんど誰もいなかった。
⑥　千人もの女性が彼女の臣下として侍《はべ》っていた。
⑦　ヒミコの死後、後継者は男性が継ぎ、王となったところ、再び戦乱となり、その後ヒミコの宗女の台与《トヨ》という少女が継承したところ、戦乱が収まった。

こんなところだろうか。

極めて特殊な印象を受ける国の姿である。

確かに古代国家は往々にして神がかりの宗教国家であることが多いが、それにしてもどことなく異教の雰囲気が漂う近寄りがたい風景を思わず想起してしまう。


しかし実は日本では、この状況とほとんどそっくりそのまま同じ環境にある公的な地位が、南北朝時代まで続いていた。

明らかに伊勢の斎王（斎宮）と酷似しているのだ。

斎王は皇族女性（特に初期斎王は皇女、つまり天皇の娘に限られた）が就任し、〝神に仕える巫女〟として独身でなければならなかった。斎宮は大神に仕える「天皇の御杖代《みつえしろ》」とされ、事実上天皇に次ぐほどの地位を持っていた。

アマミキヨと聞得大君《きこえのおおきみ》

ちょうど、古代日本文化を近世まで色濃く残していた琉球における国王と聞得大君との関係と同じようなものだろう。聞得大君は王の親族の女性から選ばれ、巫女集団であるノロの頂点に立つ存在として、その地位は国王に次ぐものとされていた。

君主である王と、その親族である聞得大君による、聖俗二重支配は世界的にもあまり類例を聞かない。

この聞得大君は、十五世紀に琉球を支配した第二尚氏が制度化していたのだが、それはそれ以前から琉球で定着していた統治形態だったという。

アマミキヨの墓（沖縄県浜比嘉島）

沖縄では今でも「御嶽《うたき》」と呼ばれる、社殿を持たない聖地での信仰が残っているのだが、この御嶽ははるか昔、「アマミキヨ」なる女神が渡来して開いたものだという。

アマミキヨは「アマミ」と「キヨ」に分けられ、「キヨ」は「さん、様」くらいのニュアンスで、その女神のもとの名は「アマミ」だったようだ。

地方によって、「アマミク」「アマン」「アマミヤ」などと変化するが、アマ＋m音の部分だけは変わらない。

奄美大島の名前も同じ神の名が語源で、似た伝承は南西諸島から八重山諸島に至るまで残されている。

日本最古の神社、奈良の大神《おおみわ》神社には、以下のような神話が「古事記」に残されている。

美しい乙女、活依玉媛《いくたまよりひめ》のもとに夜になるとたいそう

張水御嶽《はりみずうたき》（宮古島）

うるわしく立派な若者が訪ねてきて、二人は恋愛関係に陥いり、まもなく姫は身ごもる。

娘の両親は素性の判らぬ若者を怪しく思い、「今度若者が訪ねてきた時に、赤土を床に撒いて、糸巻の麻糸を針に通して若者の衣の裾に挿すように」と娘に言い聞かせる。

果たして言われる通りにした翌朝、糸は鍵穴を出て残っていた糸巻は「三勾《みわ》」だけだった。糸を辿っていくと、三輪山にたどり着いたのだ。

これによって若者の正体が大物主《おおものぬし》神だとわかり、お腹の子が神の子だと知った……という。

全く同じような神話が宮古島の主要な御嶽である「張水御嶽」にも残されている。

ある夫婦の娘が十五歳になったとき、突然妊娠した。驚いた両親が問いただしたところ、娘は「夢うつつの中で美しい若者が現れ、そのまま気を失った。そのときに妊娠したかもしれない」と語った。

さては妖怪かと訝しく思った両親は、「次に若者が来たら針を首筋の髪に通しておくように」と言って娘に針を通した長い糸を渡した。

果たして若者は現れ、言いつけどおり若者の髪の毛にそっと針を通した。

翌朝、家族で糸をたどっていくと、洞窟の中に巨大な蛇がとぐろをまいていた。蛇は「私はこの島を作った神である恋角《こいつの》である。生まれる子供を三歳になるまで育てなさい。三歳になれば、この漲水の洞窟に子供をつれてきなさい」と言った。

娘はその後三人の娘を産んだ。約束どおり、三歳のときに洞窟に連れて行くと、三人は大蛇を恐れることなく大喜びで抱きつき、遂に大蛇と共に黄金の光を照らしながら天に昇っていったという。

一読してわかるように、エンディングを除けばほとんど同じである。三輪山の大物主神は太陽神であり、太陽を象徴するという蛇神でもある。だから、地元では三輪山を「みーさん」

三輪山

と呼んでいた。大神神社に行けばわかるが、手水舎で清水を吐きだしているのは神社によくある竜の口ではなく、蛇だ。

地元では三輪山の山容を「蛇が七回り半とぐろを巻いている姿」だと形容する。

このような神話は「苧環《おだまき》神話」と名がつけられており、日本のみならずアジア中に似たような神話が遺されているのだが、私の知る限り三輪山のそれと宮古島のそれほど相似形を為しているものはない。

これは、両者の神話が伝言ゲームのように各地に広がり定着した、というような次元のものではなく、発信者そのものが同一の集団によるものだからではないかと思うのである。

このことは、「アマミキヨ」が本土で神道を奉斎していた集団だったであろうことを示唆している。

事実、アマミキヨについては筑紫にいた海部《あまべ》氏ではないかと言われているのだが、彼らは、統治の手法として「世俗の支配者である王と、王の親族女性が神を祀る祭主」というやり方を琉球に伝えたのだろう。

つまり、アマミキヨが南西諸島や琉球に行き、御嶽信仰や統治手法を伝えた頃、おそらく仏教や儒教が伝えられる四世紀以前は、本土でも同じような統治をしていた、ということになるだろう。

これもまた、ヒミコの時代、すでに「斎王」にあたる官職が成立していた可能性を補強していると言えるだろう。

伊勢と三輪の関係

斎王は〝魏人の知らない宗教の指導者〟すなわち古神道の祭主として、時に神の声をその不思議な能力で聞き取り、朝廷はその神託を絶対的なものとして受け取っていた。もちろん、琉球と同じく全員「君主の血縁の女性」である。

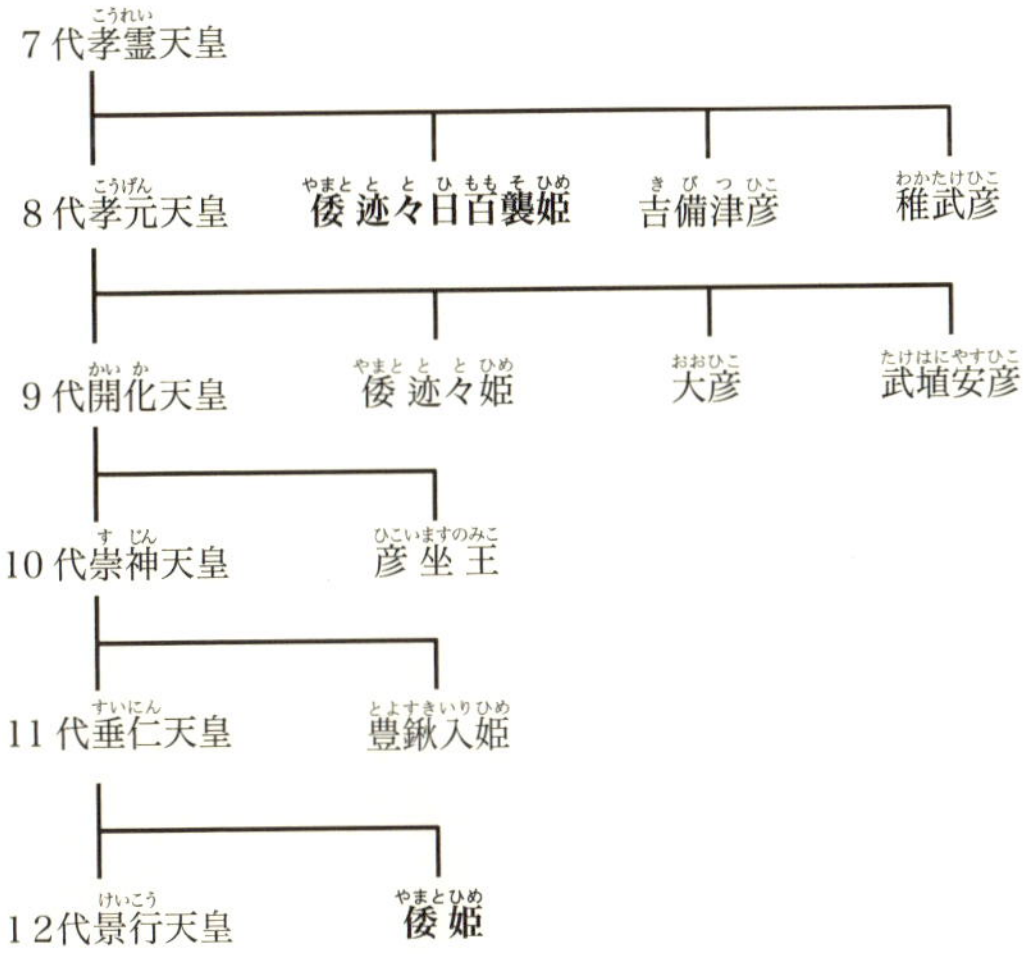

その典型が初代斎王ともされる倭姫《やまとひめ》で、彼女は神託のまにまに各地を放浪し、遂に伊勢に来たとき、天照大神の「この国に居らむと思ふ」の言葉に従って伊勢神宮を創建したのである。

伊勢の斎王の元祖は倭姫だが、その源泉を辿っていけば、倭姫の高祖父の妹とされる倭《やまと》迹々日百襲姫命《ととひももそひめのみこと》（大市《おおいち》姫とも）に行き着く。

何故なら彼女の事は、「日本書紀」の中の崇《す》神《じん》天皇期に、先ほどの三輪の神話によく似た以下の説話が語られているからである。

……倭迹々日百襲姫命は大物主神の妻となった。

昼に姿を現さない夫に姿を見せてほしいと懇

願すると、朝にとても美しい小蛇がいた。それで驚いて叫んでしまった。大神は恥ずかしく思って、御諸山《みもろやま》（三輪山）に帰ってしまった。姫は仰ぎ見て後悔して、尻もちをつくが、箸で女陰（ホト＝女性器）をついて亡くなった。それで大市《おおいち》（奈良県桜井市）に葬った。世の人はその墓を箸墓《はしはか》と名付けた。

これによると百襲姫は三輪山の神・大物主神の妻となったという。

日本書紀にはさらにこの姫は「聰明叡智、能識未然（聡明で叡智があり、しかもよく未来を知ることができた）」、つまり予知能力があったというのだ。

これは斎王のはしりと見てよい説話だと言えるだろう。

もっとも、そもそも斎王は伊勢神宮に奉仕する皇族女性のことであり、これがそのまま三輪山を奉斎していた百襲姫と同じ立場だと言えるだろうか。

これが言えそうなのである。

伊勢神宮自体が三輪山と同体同神である、という説は中世からあった。

真言系の三輪流神道では伊勢と三輪の神が同体だと説き、これに基づいて（或いは平安時

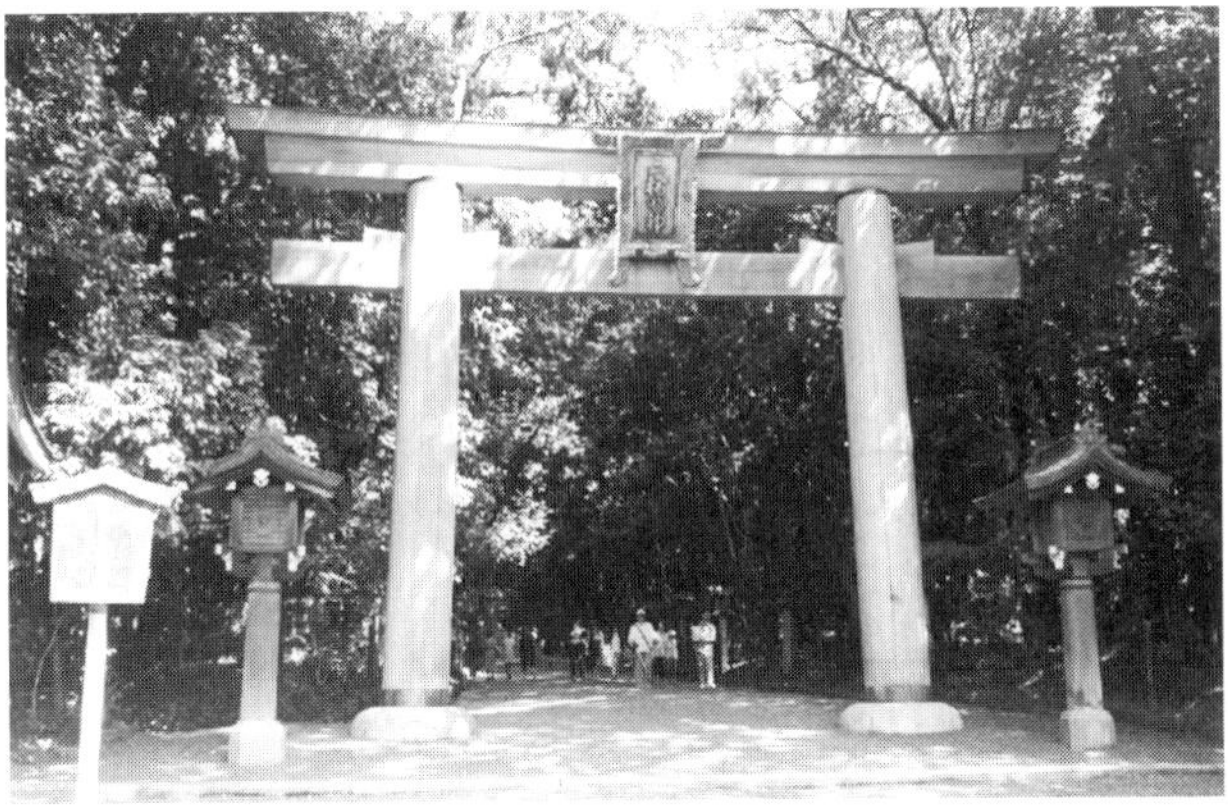

大神《おおみわ》神社

代以前の伝承に基づいて）作られたのが能楽「三輪」だという。

この能では玄賓《げんぴん》という僧侶（平安時代に三輪山麓に住んでいた実在の人物）のもとに女姿の三輪の神が現れ、かつて自分は人の姿になって女と契り、その女に衣の裾に糸を結ばれて三輪山の神木である杉のところに帰っていった男神であるといい、「恥ずかしながら我が姿」「女姿と三輪の神」と、何やら事情があって女のなりをしていると語るのである。

そして最後に「思へば伊勢と三輪の神　思へば伊勢と三輪の神　一体分身の御事《おんこと》今更何と磐座《いわくら》や（考えてみれば、伊勢神宮と三輪山の神が一体分身であることを、いまさら何を言うことがあろう）」と語る。

十代崇神天皇の御代、戦争や伝染病によって多くの民が死に、天皇は宮中に祀られていた天照大神と

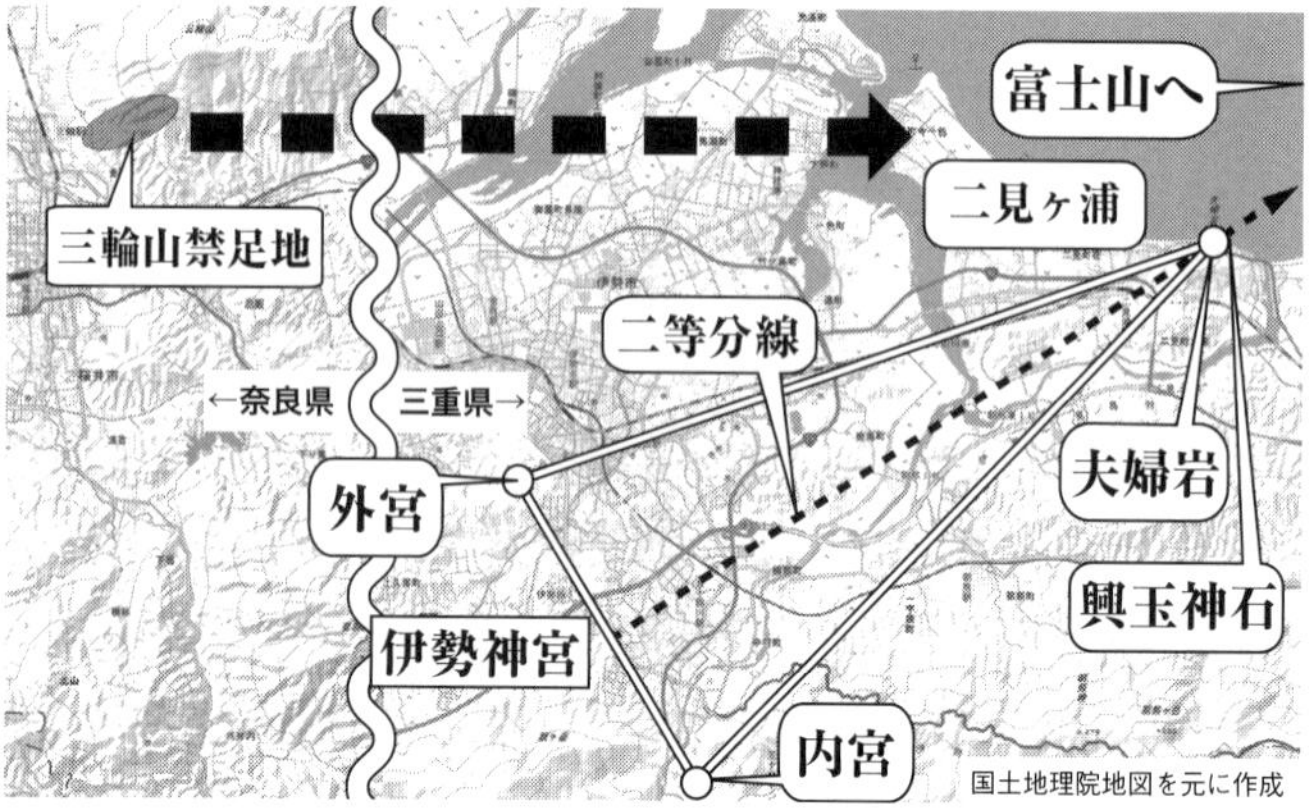

国土地理院地図を元に作成

倭大国魂神を外にだし、さらに三輪山を大物主神の子孫、大田々根子《おおたたねこ》に祀らせ、これがそれぞれ伊勢神宮、大和《おおやまと》神社、大神《おおみわ》神社になったという（日本書紀）。

この伝承も、それぞれの神が、実は一体分身を表す証左なのかもしれない。

事実、大神神社拝殿奥、「大宮谷」と呼ばれる神聖な禁足地周辺から海に出るまで東に行けば、伊勢の二見ヶ浦の沖合に出る。

二見ヶ浦には夫婦岩の向こうに、海に沈んだ〈興玉《おきたま》神石《しんせき》〉なる神が降臨するという神聖な磐座があり、これが伊勢神宮の内宮・外宮と二等辺三角形を形成しているのだ。

そしてその三角形の二等分線の延長線には、夏至の夜明け、天気が良ければ夫婦岩から遥か彼方に富士山が望め、その富士山の向こうに昇る朝日を拝することができるのである。

同じような二等分線と朝日の法則は三輪山と大和三山との間にも見られる。

これは偶然ではあり得ず、初めからこういった地理を熟知した上で伊勢神宮が設立されたとしか思えない。

当然基点になったのが三輪山ということになろう。

私見では、太陽神である三輪の神が、日の出づる東によみがえるのがまさに興玉神石で、伊勢神宮の神そのものだと思う。

三輪山と伊勢神宮が切っても切れない関係であることを示す証拠だといえよう。

天照大神の「后《きさき》」である斎王

斎宮宮殿は伊勢神宮の北方にあり、「延喜斎宮式」には斎宮で働いていた役人の数として、約五百二十人いたという。

斎宮の秘書的な役割を果たす命婦、身の回りの世話をする乳母、庶務係である女孺といった四十人余りの女性たちがお仕えしていた。

斎宮寮という役所では十三の司に分かれ、財政、警備、調理など任務別に多くの男性が働いていた。

……地方の役所としては破格の規模で、太宰府並と言えよう

斎宮記念館ＨＰより

実際の男女比がよくわからないが、少なくとも斎王の周囲は女性が中心だったようだ。

その理由としては、実は斎王の本質が「天照大神」の妻として奉仕することだったからではないか、とする説もある。

天照大神と言えば女神であるが、実際には男神かも知れず、古くからそう言われてきたことは先述した。

その神に「妻」として斎王が選ばれていたとするのは、何も突拍子のない説ではない。

鎌倉時代、通海という僧侶が弘安九（一二八六）年、伊勢神宮の式年遷宮の棟上祭の折に神官から聞いた話がある。

それによると、

「サテモ、斎宮ハ皇大神宮ノ后宮ニ准給《ナラヒタマヒ》テ、夜々御カヨヒ有ニ、斎宮ノ御衾《ミフスマ》ノ下へ、朝毎ニ蚍《クチナハ》ノイロコ落侍ヘリナナント申人有」と。

つまり、伊勢神宮の斎王は、皇大神宮の祭神である天照大神の后のような方で、毎夜神は斎王の元へ通っている。それで毎朝斎宮のふとんにクチナワ（ヘビ）の鱗が落ちている——というのである。

こんな奇怪な話を伊勢神宮の神官が語っていたというのは極めて特筆すべきだと思うが、これもまた天照大神がヘビ姿の男神であると考えられており、中世でもやはり斎王はその妻みたいなものだ、と考えられていたことがよくわかる。

これらの記録は、先述の倭迹々日百襲姫命が蛇神である三輪山の大物主神の妻になった、という日本書紀の説話とも酷似しており、これまた伊勢と三輪の神が元々同体であったことを示す明確な一致と言わねばならない。

倭迹々日百襲姫命が真の斎王の始まり、と称してもなんら問題はないと思う。

倭迹々日百襲姫命とヒミコ

官女を中心とした斎宮宮殿は約五百二十名いて、斎王は必ず未婚の皇女であり、初代斎王や倭姫は、人知の及ばぬ力で未来を予知したり、神託を受けることができた……。

これらは「鬼道」を使って衆を惑わし、千人の婢《はしため》を侍《はべ》らせ、独身で会える者も少ない、というヒミコのプロフィールとほとんど同じである。

後継者が台与《とよ》という「宗女」であるというのもそのまま斎王と同じである。なぜなら宗女とは、ヒミコの娘を指すのではなく、「ヒミコが所属する宗家（一族）の女性」という意味だからだ。これは必ず皇室から、（特に初期は皇女から）斎王を出す伝統そのものである。

違うのは、「弟が政治を補佐していた」という点と、ヒミコが伊勢にはいなかったと考えられる点くらいだろうか。あとは全く同じといっていい。

〜魏がヒミコを「女王」とみなしていた、という重大な点を除けば〜

斎王の「始まり」と考えてよさそうな倭迹々日百襲姫命であるが、彼女こそ魏志に登場するヒミコではないかとする説は大正時代から昭和初期にかけて考古学者の笠井新也が提唱して以来有力な説となっており、その根拠は以下のようなものであった。

○箸墓自体が邪馬台国の有力候補地とされる大和纏向にあること
○同時代の古墳の中では群を抜いた大きさであり、魏志に記録されたヒミコとして遜色ないこと
○日本書紀や古事記の百襲姫命に関する記述と、魏志のヒミコに関する記述によって得られるイメージがオーバーラップすること
○後円部の直径が約一五〇メートルで、魏志の言うヒミコの墓の規模「大作塚　経百余歩（約一四四メートル余りか）」と大体一致すること。

ということで、これに加えて近年、放射性炭素年代測定が行われた結果、概ね三世紀半ばの築造と発表されたために、箸墓＝ヒミコの墓説は近年さらに有力になっている。

箸墓（国土地理院航空写真）

ところでヒミコが伊勢の斎王の前身ならば、彼女は何故伊勢にいなかったのか。これも答えは明快だ。

先述のように日本書紀によれば、伊勢神宮が建立される前、もともと天照大神（ご神体の鏡）は御所（皇居）内で天皇とともにあった、とされているからだ。

「日本書紀」や「旧事本記（白川本）」、「古語拾遺」などによれば、十代崇神《すじん》天皇の御代、その神威を畏れ、分身（複製）を作って本来のご神体は外に出され、次代の垂仁天皇のとき、倭姫《やまとひめ》によってついに伊勢に落ち着いたという。

これも後述するが、崇神天皇が近年の研究の主流である〝三世紀後半から四世紀初め頃に実在していた人物〟だとすれば、三世紀半ばに生きたヒミコが伊勢にはおらず、首都である大和にいたことに齟齬はない。

ヒミコや台与の正体について

おそらく、多くの研究者はヒミコ自身を何か「全く無名の地位から一気に国を支配した女傑」のような存在だったという先入観を持つから、これがボタンの掛け違いのようにいつまでも真実から遠ざかり、荒唐無稽な仮説に向かってしまうのではないだろうか。

もっとも、「魏志」にはハッキリとヒミコが「女王」だった、だから金印を下賜した、とあることも混乱に拍車をかける原因なのだろう。

ヒミコが「斎王」だとすれば、なぜ魏は君主でもない「斎王」を女王と認めてしまったのだろうか。

大体斎王がいたというのに、その時に天皇（大王《おおきみ》）は存在しなかったというのだろうか。

斎王の事ばかり記録されて、天皇のことは記録されていないのはどういう訳か。もう一度魏志の一節を上げてみる。

（邪馬台国は）もとは男子をもって王となし、往《とど》まること七、八十年。倭国が乱れ、たがいに攻伐すること暦年。

そこで、共同して一人の女子を王とした。

名を卑弥呼といい……（省略）

（狗奴国との戦争が激化していた頃）、以て（すでに）卑弥呼は死んでいた。

大きな塚を作った。直径百余歩、殉死する者は奴婢百余人。

あらためて、男王を立てたが、国中が服さず、お互いに誅殺しあい、当時千余人を殺した。

卑弥呼の宗女の壱与（台与）という十三歳のものを立てて王とし、国中はやっと治まった。


魏志の記録では男王と女王が交互に邪馬台国を支配したとあるが、そのような記録は「記紀」にも他の日本側の文献にもない。

魏志によれば、ヒミコの死後、男性が君主となったが再び戦乱となったという。このことをほとんどの研究者は「当時統一国家というほどの存在はなく、それぞれの豪族が覇権をめぐって争っていた」と解釈している。

ヒミコのカリスマとバランス感覚だけが邪馬台国をかろうじて和平たらしめていたが、その死によってバランスが崩れたというのである。

最初の「もとは男子をもって王となし」の箇所は、原文では「其國本亦以男子爲王」とあり、その国（邪馬台国）は〝本来〟男子を以て王としていた、と読む説もある。

つまり、本来男王の国だったが、その王とは血縁の無い「卑弥呼」を擁立すれば戦乱が収まる何らかの事情があり、彼女が政権を奪取した、と取る向きである。

或いは「争っていた国々の中から一国を選び、ある国の要人から選ばれたのがヒミコだった」という人もいるようだ。

かなり強引な解釈にも聞こえるが、仮にもしそういう意味だとすると、連立政権を思わせるヒミコの擁立自体が異例なことであり、魏はそう書いたはずだ。

各国から君主の座をたらいまわししていた、ということになり、そんな制度が当時あったならば、それこそ魏人は珍しがって「東《とう》夷《い》の習俗」だと称して詳しく書き残していたに違いない。

少なくとも「ヒミコは○○国の人間だが、遂に担がれて邪馬台国の女王になった」などとも記録していただろう。

これではヒミコの邪馬台国は、それ以前の男王が支配していた国とは、東アジアの習慣では別国家になるはずである。

魏自身、禅譲によって覇者の家系が変わった時、国名を「晋」に変えているのである。

だが魏志の記述を信じる限り、ヒミコ以前の男王の時代からここは「邪馬台国」であったと思われるし、ヒミコの後に短期間在位したという男王の時代も「邪馬台国」であった。

しかし魏は、男王とヒミコの血縁については何も書いていない。

これは単に何ら情報がなかったか、あるいは彼ら〝倭王〟は全員同じ宗家であると認識していたかのどちらかだ。

魏人が何も聞かなかったのか、日本人が語ろうとしなかったのかはわからない。

いずれにせよ、魏側は男王、台与と継承された邪馬台国の王座の血統に何らの疑問もいだかなかったのは確かだ。

しかし、この疑問はもう一度魏志を熟読すれば解決すると思う。

ヒミコの後継者である台与は〝卑弥呼の宗女〟つまりヒミコと同じ宗家の女性だと魏志は明記しているのである。

ヒミコ自身がある「宗家」の出身で、台与も同じ宗家の出身だと言っている訳だ。

そもそも大陸人が「宗家」と記述すれば、それは「既に存在する男系の一族」以外あり得ないはずだ（同時代以前の古代中国史で女性を中心とした、あるいは女系の一族で「宗家」と記述された例を私は知らない）。

この宗家は倭国の頂点に位置する「王家、王族」と同義だと解して差し支えないであろう。

ヒミコは独身であり、当然子はなかったはずで、ヒミコと台与が同じ宗家の出身とある以上、その「宗家」はどんなに遅くてもヒミコの父の代に確立されていなければならないことになる。

魏志によればヒミコ以前、もともと倭国は男王が七十〜八十年も統治していた。

戦乱が起きるのは「歴年」、つまりヒミコが女王になる前の数年間のことであって、それは男王の死後または最晩年だとしなければならない。

つまり、この男王が即位時、あるいは在位時の大部分において戦乱が巻き起こっていたわけではなく、彼が君主であること自体に問題はなかったと考えられる。

しかしヒミコの父親以前に「ヒミコが属する宗家」が樹立されていたわけで、なおかつ男王がヒミコと血縁のない人物だとみなした場合、先述のような世間に認められた宗家（王家）がひとつの国に二つあるという、アジア離れしたなんともアクロバティックな解釈をせざるを得なくなる。

複数王家などというもっとも興味深いはずの〝東夷の習俗〟に対し、魏は何らの関心も示さなかったばかりか、邪馬台国も邪馬台国で王の血統が変わっても国名さえ変えようとしていなかったことになる。

さらにこの複数王家は互いに（おそらく覇権をめぐって）戦乱を引き起こしていたであろうにもかかわらず、一方の宗家の二人の女性、つまりヒミコや台与が女王として即位すると、なぜか戦乱が治まるという意味不明の現象が起きたというのである。

この仮説ではやはり合理的な説明が困難だと思う。

魏志を素直に読めば、男王がなくなった後、あるいは最晩年に何らかの理由で戦乱が発生し、事態を収拾するためにその王の一族から擁立したのがヒミコだったと受け取るのが自然である。

恣意的な誘導論でも用いない限り、最初の男王、ヒミコ、台与はみな同じ宗家の出身だとみなすのが妥当であり、ヒミコの後に一時在位していたという二番目の男王もやはり、同じ宗家の出身の人物と考えるべきだと思うのである。

この四名は家族と言えるほどは近くなかったかもしれないが、少なくとも親類とみてよい同じ「宗家」の人々だったと考えていいと思う。

つまり、同じ血統の家系が連続しているという点において極論すれば、徳川十五代将軍慶喜《よしのぶ》は、十四代家茂《いえもち》将軍とはほとんど赤の他人に近いものがあるが、両者とも初代家康の男系子孫であり、同じ宗家と言えるのと同じことだ。

ヤマトを治めることができる「宗家」は、ヒミコ以前から存在していた。

魏志の「宗女」という文字を掘り下げることを今まではしてこなかったから、誰もこのシンプルな事実に気づかなかっただけではないのか。

ヒミコの時代以前から、すでに日本を統治できる家系は樹立されており、当時の日本人がおしなべて、その宗家の血筋の者が統治すること自体には異論はなかった、あるいはその宗家の出身の者でなければ日本の君主になれないという不文律があったことになる。

そして、先のヒミコ＝斎王の先駆け、あるいはヒミコ＝倭迹々日百襲姫命説、と合わせて考えてみれば、その宗家とは、現在の天皇家につながる家系ととらえるのがもっとも自然なのだ。

古代は皇族女性のことを「ヒメミコ」と呼んだから、このヒミコはそのままヒメミコのことだったとしても、何らおかしくない。

奈良時代の元明天皇に至るまで斎王はみな皇女（退位した天皇の娘を含む）から選ばれており、ヒミコもまた皇女だったのだろう。魏への使節は彼女を「ヒメミコ」と呼んだと見てよいのではないか。

というのは、往古は貴人の名を口に出すことは厳禁だったからだ。

人々は必ず天皇や天皇家の人々（特に皇子、皇女）を、普通「オオキミ」「ミコ」「ヒメミコ」などと呼び、本名で語ることなどあまりなかったという。

もちろん、本名そのものを知っている者もまた一部だったろう。

広く奈良県の遺跡調査を担っている橿原考古学研究所で聞いたところ、墓誌（墓所から出土する故人の名や事績が記された銅板）が出てくるのは四位以下の下級貴族に限られるという。

これらは言霊による呪術を恐れていたため、被葬者の本名がわからないよう配慮していたと考えられる。

ただ、台与は「ヒミコ」とか「ヒメミコ」と呼ばれていない。

始め私はこれを、またヒミコだと〝先代〟と同じ名前が連続するために、まずいと判断した使節たちがやむなく本名で説明したと思っていた。

しかし、いろいろと調べていくうちに、これはおそらく台与が〝女王〟になった時に、その父親が「天皇（大王《おおきみ》）」ではなかったからだと考えるようになった。

当時は「皇女（天皇の娘）」でなければ、ヒメミコと呼ばれなかった可能性があるのだ（これについては第三章で考察）。

見えてきた古代日本のすがた

この「ひとつの宗家が樹立されていた」という仮説に立脚して、男性君主が統治すると戦乱が起き、（人々が）〝共同して立てた（原文では共立）〟女性であるヒミコや台与が統治するとそれが収まった、ということは何を意味するのか考察してみる。

もう一度、倭人伝の一節を見てみよう。

「国々は互いに攻撃し合い年を経た。そこで、共同して一人の女子を王とした」

くどいがこれは、共同した人々が、ヒミコが女王になれば戦乱が収まる、と事前にわかっていたことを示している。

ヒミコが即位したら、たまたま戦乱が終結した訳ではないのである。

台与の時も同じことが起きている。

（卑弥呼の死後）あらためて、男王を立てたが、国中が服さず、お互いに殺し合った。

卑弥呼の宗女の台与という十三歳の者を立てて王とし、国中はついに治まった。

つまり、「ヒミコ」の時も、「台与」の時も、彼女らが「即位」したのは、戦乱を収めるためだった、と書かれているのである。

実に不自然な話だ。ヒミコが対立する勢力に対して顔が利く特殊な人格者だったのだろうか。しかし、そのようなことは一切書いていないし、そういったことをほのめかす記述はない。しかも、同じことは台与の時にも起きているのである。

彼女が即位したのは十三歳の時であるから、台与個人の人格は関係がなさそうである。

先に説明した「ルーツを同じくする、既に存在する家系が日本を統治する資格を持つ」、という不文律が定着していたとして、この前提から「男王が即位すると戦乱が起き、女王が治めるとそれが収まった」という、魏志の謎の一節の解釈を行ったとき、邪馬台国論争に終止符を打てるくらいの見方が出来るのだ。

ヒミコが亡くなり男王が即位すると、邪馬台国は再び戦乱が起き、日本人たちは「こうすれば戦乱が収まるのはわかっているのだ」とばかりに若干十三歳の台与を女王にし、思惑通り戦乱は一応の終結を見るのである。

これは、戦乱の原因が「男王の即位」そのものにあり、戦乱終結もこの「男王の退位」により成立したと見做さざるを得ないことを示しているではないか。

とすれば、これら一連の経緯から浮かび上がる当時の日本の「大乱」は、その主因が皇位（王位）継承問題にあったと見てよいのではないか。

当時はちょうど、後世の「壬申《じんしん》の乱」や「南北朝時代」のように、皇位継承をめぐって皇族同士が対立し、深刻な争いが繰り広げられていた可能性が高い。

七世紀に天武系と天智系が争った壬申の乱も、十四世紀の南北朝騒乱も、どちらも皇家同士で皇位継承権を争っていたが、外国人から見れば二大革命勢力の覇権争いにしか見えなかっただろう。

ましてや魏志は聞きづての記録に過ぎない。

単純に考えれば、彼ら邪馬台国の王たちは皆同族で、王位継承権を持ってはいた。

ただ、

男王在位中あるいはその死後（戦乱）

↓
女王ヒミコ在位中（和平、ただし晩年狗奴国との戦乱のきざし）
↓
男王在位中（完全な戦乱）
↓
女王台与在位中（和平、ただしやはり狗奴国とは緊張状態）

という記録から、王位継承における「戦乱」と「和平」の分かれ目の原因に、性別があったと見做した方が妥当だろう。魏人の目には「女王が即位すればなぜか休戦になる」、と見えたはずである。

周囲にある勢力が、「男王」ならば納得できず、「女王」ならば（納得したかどうかはともかく、一応戦乱が）収まった、という何らかの原因があったということである。

男性が即位すれば戦乱になるかどうかは読めなかったとしても、女性である彼女らが即位すれば、戦乱が休止になるだろうと倭人（日本人）が「事前にわかっていた」ことになる。偶然ではなかったわけだ。

同じ宗家の人々なのに、男性が即位すれば王位継承問題によって戦乱が起き、女性が即位すればこれが収まる事実……ヒミコは古代の「女王（女帝）」というよりは、「斎王」そのものにしか見えない事実……一方、「日本書紀」などの日本の古典に〝二人の女王〟と呼べる存在など記録されていない事実……これらの事実をつなぎ合わせれば、はじき出される答えは一つだ。

一旦男性が天皇として即位し、それで国が収まり、その子供が続いて即位してしまえば、対立する他の勢力が戴く別の宗家筋の人物に皇位継承の芽はほとんどなくなる。

まさに「壬申の乱」と同じような争いがあったと思うのだ。

だから、休戦のため一旦皇位を停止、つまり空位期間とし、神の声を聴くという神がかりの官位である「斎王《いつきのひめみこ》」を摂政として戴いて統治する。

「斎王」や「摂政」の地位は「皇位」ではなく、その継承とは関係がないばかりか、彼女たちは独身であり後継者もいないため、さしあたっての皇位継承問題は棚上げできる。

その結果戦乱は収まった。そういうことではなかったか。

ただし、当時は「斎王」という言葉はない。「扶桑略記」によれば、「天武天皇二（六七四）年、大来皇女《おおくのひめみこ》をもって伊勢神宮に献ずる。初めて斎王とす」とあり、事実、六国史《りっこくし》でも続日本記にならないと斎王の文字は出てこない。だからヒミコの時代「斎王」という正式な官職はまだ存在せず、彼女は単に「ヒメミコ（皇女）」と呼ばれていたのだろう。

「共同して女子を立てた」という一文の主語とは、先に述べた各豪族のことで、「宗家筋の人物」がいる、つまり皇位継承権を持つ人物を戴く、対立する複数の勢力が共同した、ということになるだろう。

そしておそらく対立者も「当面皇位継承が棚上げになるのなら……」と（渋々だったろうが）同意した、ということである。

こう解釈して初めて「女王が統治すれば争いが収まり、男性君主が統治すれば戦争が再び起きた」という一文の謎が解消できると思う。

その時、ヤマトは「空位時代」だった

つまり、まとめるとヒミコの正体とは、

○のちの伊勢の斎王にあたる、大神に仕えお告げ（神託）を伝える人物であり、天皇や女王といった正式な日本の君主ではない。

これが魏人の中華風表現を使えば、「鬼道を用い衆を惑わす」となったのだろう。斎王の条件や地位としては、

○独身であること。
○「宗家の娘」つまり皇族であること。
○数百名に上る女性を中心とする臣下がいたこと。

——が挙げられる。
これらは全て「魏志倭人伝」に記録されたヒミコのプロフィールと一致する。
○「宗家」の女性である以上、ヒミコは必ず皇族（父系をたどれば天皇にたどりつく）となる。特に古代、斎王は全て皇女(天皇の娘)だったから、ヒミコもまた皇女だった可能性が高い。
○当時まだ斎王（いつきのひめみこ）などという言葉はなく、人々は彼女を皇女（ヒメミコ）と呼んでいた。これを魏は「ヒミコ」と聞いたのだろう。
○彼女は「天皇」ではなく独身の「斎王」であり、一時的に権力を握っても、皇位継承権争いとは無縁の存在であるため、彼女がいる間は戦乱が起きにくかった。
また君主ではない以上、歴代天皇としてカウントはされていない。
○後継者台与もまた、「宗家」の女性、もちろん皇族ということになる。
○男子が王として立ったが、再び戦乱となったため、台与が立った、ということを説明すれば、この男子こそが正式な「天皇（スメラミコト、大王《おおきみ》）」であるがゆえ、皇位継承を争う戦乱が巻き起こったと考えられる。
これで国家が平和裏に統治され、その子供が皇位を継承すれば、他の皇族にほぼ永遠に即位のチャンスが回ってこなくなるからである。
○台与の場合も「天皇」ではなく「斎王の摂政」であったため、皇位継承とは関係がない。だから戦乱が収まった。
一時的に戦乱を収めることを目的としてヒミコや台与が擁立されていた以上、正式な皇位はこの時「空位」だった可能性がきわめて高い。
○その間、「神の声を聴く」斎王が事実上の代理君主のような存在（摂政）となった。
○後漢書には「倭国大いに乱れ、こもごも相攻伐し、暦年主なし」とあることから、正確には「皇位継承戦争のために空位状態が何年も続いたため、早急に国政運営を回復する必要が生じたが、対立が解消しないために妥協策として引き続き空位のまま摂政としてヒミコが立てられた」と言うことであろう。
○〝弟が政治を補佐していた〟という、「斎王」と違う要素についても、この時ヒミコは同時に国権の最高権力者でもあった以上、常に政治的決断が求められていた故だと言えよう。神への奉仕と祈りに特化した、のちの伊勢斎王とは、この点で違っていた。
ということだろう。正式な君主である、時の天皇が「空位」であったとすれば、「斎王」

などという概念を持たない魏が、ヒミコを邪馬台国の〝女王〟と思い込んでいたのも当然ということになる。

なお、日本初の女帝である推古《すいこ》天皇（五九二年即位）は斎王ではなく、正式に皇位を継承している。

それまでの皇位の原則は、本来〝宗家の男性が継ぐ〟というしきたりであり、これを破った形となっているが、これには明確な理由がありそうだ。

何故ならこの時、斎王はすでに伊勢にいて、伊勢に在したまま政務を執ることは不可能だったからである。

伊勢の大神が日本の首都、大和の御所から伊勢に移座したというのは、まさに古代の「政教分離」だったと言えるだろう。

推古天皇の時代もやはり皇位継承問題で争いが絶えなかったが、中継ぎに女性皇族を使って皇位継承問題を一時的に棚上げするには、女帝として即位するほかになかったということであろう。

ただ、だったらなぜ「記紀」は倭迹々日百襲姫命が摂政になっていたことを正直に書いていないのか。

単にそういう記録が残っていなかっただけという可能性ももちろんあるが、意図的にその伝承を記載しなかった可能性もある。第三章で考察しよう。

以上から、ヒミコ並びにその「後継者」台与の二人とも、女王ではないが皇室の先祖にあたる人物であることが明らかだと思う。

彼女らは確かに今につながる「皇族女性」だった。

朝貢しない「男王」の謎

もう一つ、今まで誰も注目しなかったと思われる疑問点がある。

この「邪馬台国」が、女王の時には必ず魏へ使いを送っているというのに、男王の時は遣使を断っているという点である。

ヒミコや台与は魏や晋に遣使しているのに、「男王」の時だけはそういう記録がない。

のちにいわゆる「倭の五王」が宋に朝貢してはいるが、これは台与からさらに百年以上経てからの出来事である上に、そもそも「倭の五王」が本当にヤマトの大王（天皇）かどうか決着を見ない。

倭人伝では二人の男王に関して、ヒミコの前後に在位していた、ということと、ヒミコの先代については七、八十年在位していたらしいこと、ふたりの男王の在位中は、いずれも戦乱に明け暮れていたらしいこと以外、これといった記録が一切ない。

このことが邪馬台国論争をより混乱させていることは間違いがないが、いかにも明確な法則があることは、邪馬台国の謎を解くカギになりそうである。

先にわたしは、

男王（戦乱）→女王ヒミコ（和平）→男王（戦乱）→女王台与（和平）

という流れがあると書いたが、同時に、

男王（音信不通）→女王ヒミコ（朝貢）→男王（音信不通）→女王台与（朝貢）

という法則が成立しているのである。
その理由を考えてみることにしよう。

シンプルに考えて、朝貢によって魏を後ろ盾にしたヒミコなり台与に対し、他の勢力が手を出しあぐねた、だから和平が成立したと見るのである。

しかし、繰り返すが「倭人伝」を読む限りでは、人々は魏など関係なしにヒミコや台与の擁立そのものが和平に繋がると理解していたのは明らかである。

ヒミコが魏に初めて遣使する景初二年よりはるか前に、彼女の〝即位〟によって和平が達成されたと魏自身が証言しているのだ。

だから魏への朝貢で和平が成立した訳ではない。

また、朝貢して平和になるなら、なにもヒミコや台与でなくても、男王の時に同じようにすれば済む話である。よってこの説は成立しないのである。

朝貢が和平に達する一助になった可能性はあるとしても、あくまでもそれは倭側の安全保障のための二義的な担保だった、くらいに考えた方がいいだろう。

全く同じ理由で、男王時代に魏と音信不通だったことが戦乱を招いたことにはならない訳だ。

ということは、この法則が「たまたま音信不通時の君主が男性だっただけ」と見ない限り、意図的に邪馬台国つまりヤマトが男王の時には遣使しなかった、としか思えない。

その理由は詳《つまび》らかではないが、唯一思い当たるとすれば、「魏への遣使」が「朝貢」と呼ばれ、君主が魏の皇帝の臣下としてへりくだることであるという意味合いがあることをヤマト側が知っていたため、あえてこれをしなかったのではないか、ということである。

決定的な証拠はないが、十分あり得ることだと思う。

魏が女王と思っていたヒミコと台与は、実は天皇（大王）ではなく斎王のさきがけでもある一皇族女性であり、摂政という地位に過ぎない。だから遣使したとしても、天皇が臣下扱いされるわけではないし、空位と言えどその上に天皇という地位があり、金印を与えられたのが斎王である以上属国とも言えない。そう判断したのではないか。

今のところ、そうとしか思えないのである。

そう理解した上で、なお女王と誤解される人物が二人も魏に遣使したのは、そうせざるを得ない事情があったからなのだろう。これについても第三章で考察することとしよう。

第二章　卑弥呼の時代を特定する

世代数と史実を照合

では、ヒミコやその時代は記紀ではいつの時代に当たり、ヒミコ自身は一体誰なのだろう。

第一章で私は、ヒミコ＝倭《やまと》迹《と》々《と》日《ひ》百《もも》襲《そ》姫命《ひめのみこと》の可能性を指摘したが、その妥当性や整合性を見てみよう。

日本の古代史を考える際、混乱を極力避けるには、確定的な年代の基点を一つでも多く設けることだろうと思う。

何故なら「記紀」では、特に大和朝廷の初期天皇の事績、年齢において大幅な食い違いが見られるし、干支もまちまち。一体いつのことを語っているのかがサッパリわからないからだ。

奈良時代当時、すでに現存しない「天皇紀」や「国記」の残欠、或いは各豪族が口伝や書物で伝えてきた情報を統合して、統一された年紀での「記紀」の作成を試みた結果、錯誤が錯誤を呼び、年紀の混乱が生じたためと見られる。

というのは、日本書紀、古事記とも、これらの書物が成立した奈良時代前期に利用されていたという儀鳳暦《ぎほう》（唐で西暦六六五年施行された暦）に換算しようとした結果、解釈に間違いや食い違いが生じたことが一つ。

さらにそれ以前の日本は元嘉暦《げんか》という、宋で四四五年に施行された暦が使用されていたらしく、この暦がそのまま記紀に表記されたり、或いはこれを儀鳳暦に修正しようと試みた結果、混乱に拍車がかかったことが一つ。

その元嘉暦と儀鳳暦の問題を顧慮《こりょ》してもなお、よく言われるように五世紀頃の天皇とされる十七代履中《りちゅう》天皇以前は、天皇の年齢が異常に長寿であることなど、明らかに現実的でない数値が頻出することが一つ。

これらの問題は何一つ解決しておらず、年紀特定は今も著しく困難なのである。

ここで煩雑極まりない年代の解読を試みるより、まずは年紀の概算を割り出し、事実関係に齟齬が無いか確認しながら解読を進めることがもっとも合理的であり、意義があることだと思う。

なお、「記紀」編者が意図的に年紀を改ざんしたとする説もある。

部分的に改ざんの可能性が高い箇所もあるのだが、年紀に関して原則としてこれはない、と思う。

特に日本書記は、ただ日本のみに流通させるだけでなく、唐にまで渡ることがあらかじめわかっていたからである。

それがわかっていたからこそ無理して当時の唐が使っていた、ひいては当時の東アジアのスタンダードな儀鳳暦で表記しようとしたわけだ。

だから、諸国家の公文書に記載される年紀との整合性も重要になってくる。

ウソがばれたら国のメンツは丸つぶれであり、古代天皇の異常な長寿も、おそらくは訝しく思いながらも正直に口伝や記録をそのまま掲載したのだと思う。

ここでは一つでも多くの年代の基点を見出し、その妥当性を確認しながら、太古日本の年紀概算を算出する、という手法にしたい。

この年代基点というのは、確かな年紀がわかる数少ない資料の西暦換算年を基点とする、という意味で、そこから順次遡って大まかな時代と時系列を特定するやり方である。

即ち、一世代の平均年数を割出し、これを利用して遡ることが合理的であろう。

ここでは年代がハッキリしていて、かつ古墳時代と比べて寿命がさほど変わらなさそうな奈良時代末期から江戸時代初期の天皇の一世代年数を算出してみよう。

奈良時代末期の四十九代光仁《こうにん》天皇の生年は西暦で七〇九年、江戸時代初期の百八代後水尾《ごみずのお》天皇まで三十五名、後水尾天皇は一五九六年生まれだから、八八七年間で三十四世代間となる。

この一世代あたりの平均値は二十六・〇九歳である（注・親子継承とは限らないから、皇位代数と世代数は一致しない）。

これだけでもいいのであるが、より一般的な一世代の概算値を出すため、年齢過少値と過大値を見てみる。

八八七年間のうち、十代で後継者を儲けた人物は三名いた。これを除外し、四十代以上で後継者を儲けた人物（四十代二名、五十歳が一名）もちょうど三名だったため、これも除外した（全て数え年で確認）。

除外した年数は合計百八十七年である。

すると二十八世代間七百年となった。この一世代の平均値は二十五年である。

この年数は二世代で五十年、四世代なら百年と非常に判りやすい。

ただ、初期の皇位継承の場合の特徴として、必ずしも長男相続の原則に縛られていない（后の末子が優先）傾向があるから、一世代がもう少し長くなる可能性はある。

長男相続の原則は四世紀頃もたらされた儒教の影響によるもので、その葛藤が仁徳《にんとく》天皇即位時の混乱に残されている。

またもちろん、たまには五十代や十代で後継者を儲ける例もあるから、その場合いきなり一世代くらいのズレが生じる場合もあり得る。

ただ、西暦換算の概算時期を確認する手法としては概ね有効だと思うし、一年単位で細かく推理したところで、推理の積み重ねはむしろ誤差を誘発するだけだろう。

以上から、一世代二十五年間を原則とする。

「稲荷山古墳出土鉄剣銘文」

ここからは、二十一代雄略《ゆうりゃく》天皇の生没年を算出したいと思う。

まずは、武蔵国（埼玉県）の稲荷山古墳から出土した鉄剣銘文をみてみよう。

辛亥《しんがい》の年（四七一年か）七月記す。

乎獲居《ヲワケの》臣上祖、名は意富比垝《オホヒコ》、其の児、名はタカリの足尼、其の児、名はテヨカリワケ、其の児、名はタカヒシワケ、其の児、名はハテヒ、其の児、名はカサヒヨ、其の児、名はヲワケの臣。

世々、杖刀人の首となり、奉事して今に至る。獲加多支鹵大王《ワカタケルのオオキミ》（雄略天皇とされる）の寺が斯鬼《シキ》宮にある時、天下を補佐したこの百錬の利刀を作り、我が奉事の根源を記すなり。


ヲワケは四七一年と考えられる辛亥の年に、記念剣を作らせ、これが彼とともに埋葬されたわけだ。

その時の彼の年齢がわからないから何とも言えないが、自身の生涯を表す記念碑の意義を持つ剣を作る年齢とは、常識的に考えて二十歳や三十歳ではなく、高齢だったと考えられる。

八代孝元《こうげん》天皇の子にオオヒコ（大彦）がいる（膳臣《かしわでのおみ》、阿閉臣《あべのおみ》等の祖）が、この七世代の上祖に意富比垝（オホヒコ）の名が見えるのである。

単なる偶然による同名の可能性も捨てきれない。しかし、大規模な古墳を築く実力を持つヲワケは、シキの宮（今の桜井市や飛鳥周辺か）でワカタケル大王（雄略天皇）に仕えたことと、上祖がオオヒコであることを誇らしげに鉄剣に刻んでおり、天皇家のオオヒコと同名の、別人がいたと考えるのは無理がある。万一そういう名の人物がいれば、常識的に考えて、恭順の意を示すため改名していたはずなのだ。

古代支族においては紀氏や蘇我氏は孝元天皇のひ孫である武内宿祢《たけのうちのすくね》を祖とするなど、皇室に連なる功労者を上祖とする傾向があった。

そのことは活字などで記録されなくても、代々言い伝えられてきたのだろう。

そしてこの傾向は、後世でも源平や足利、徳川などが清和《せいわ》天皇や桓武《かんむ》天皇の末裔と称している点でなんら変わりない。

その人物は高貴であること、歴史上誰でも知っているほど活躍した人物であること、子孫はそのことをこの上なく誇りに思っていることなどが満たされるが故に高祖たり得るわけだ。

ヲワケは雄略天皇の臣下として活躍できたことを最大の誇りとして鉄剣に刻んだ人物であり、その高祖が雄略帝の先祖と同名別人を名乗るとは到底考えられないのである。

雄略天皇の崩年は確定的

旧百済《くだら》領地で発見された武寧《ぶねい》王の墓から発見された武寧王墓誌銘には、「寧東将軍百済斯麻王六十二歳癸卯年五月丙戌朔七日壬申崩（寧東《ねいとう》将軍、百済斯麻《しま》王〈武寧王〉は、癸卯《みずのとう》年五月七日、六十二歳で亡くなった）」とあった。

この癸卯年は五二三年になるから、武寧王の生まれはさかのぼって四六二年生まれ（数え年のため）となるだろう。

日本書紀には雄略五年に「百済の嶋王（武寧王）が筑紫の各羅《かから》島で生まれた」とあるから、雄略元年は四五八年、同二十三年（崩御）は四八〇年となる。

雄略天皇の崩年については、二十六代継体《けいたい》天皇から逆算することもできる。

継体天皇に関しては、戦後に「新王朝の覇王説」が流布したこともあったが、記紀とは別の系譜が伝わっていたらしく、今日では「継体天皇新王朝創始者説」なる仮説はその根拠を失っている。

「日本書紀」より古いと考えられている「上宮記《じょうぐうき》（聖徳太子の事績をまとめた書物。現存せず）」の逸文が、釈日本記に引用されているのである。

凡牟都和希王（ホムツワケのミコ、応神天皇）—若野毛二俣王（ワカヌケフタマタノミコ）—大郎子（オオイラツコ）—乎非王（オヒノミコ）—汙斯王（ウシノミコ）—乎富等大公王（ヲホドノオオキミ、継体天皇）

釈日本記「上宮記　逸文」より

注目すべきは、この各代の万葉仮名（当て字）が「日本書紀」「古事記」いずれとも違い、別の系譜を表記していることと、凡牟都和希王《むほつわけのみこ》の兒《こ》、若野毛二俣王《わけぬけふたまたのみこ》といった具合に、平安時代にはすでに使われなくなった系譜表現である「兒（こ）」が使われていることである。

（『三輪山と日本古代史』「4　継体天皇の出自を探る」塚口義信著・学生社より抜粋）

（現在、この「兒〈児〉」文字表示は既出の稲荷山鉄剣銘文や、京都府舞鶴の籠神社が所蔵する国宝の海部氏系図、上野国山ノ上碑に使われていることがわかっている）

これによれば継体天皇が応神天皇の五世子孫である、という複数の資料が残されていたことは明白で、当時誰もそのことに疑問をさしはさんでもいない。

皇室やその他の系譜とも整合し、「継体天皇新王朝創始者説」には、結局何一つ論理的な根拠がないのである。


また、日本書紀に「継体十七年癸卯夏五月、百済王武寧が薨ずる」とあり、先述した武寧王墓誌銘にも、百済斯麻王（武寧王）が癸卯年五月に亡くなった、とある。

これは五二三年に当たるため、継体元年＝五〇七年となるであろう。


二十一代雄略天皇以降、二十六代継体天皇に至るまでの天皇の在位年数は日本書紀によれば、清寧《せいねい》天皇（在位五年）、顕宗《けんぞう》天皇（在位三年）、仁賢《にんけん》天皇（在位十一年）、武烈《ぶれつ》天皇（在位八年）で合計二十七年である。

この時代の在位年は越年称元法（新帝が即位した翌年を新帝元年とする）が採用されており、天皇年紀（今でいう元号にあたる）が旧新同年で重複することがない。単純な在位年の足し算で年数が出せる。

継体の即位年五〇七年から、四名の天皇の在位期間二十七年間を遡ると、正しく四八〇年となり、ここからは雄略天皇崩年はその前年の四七九年と言えそうである。

先の雄略二十三年から見た崩年である四八〇年とは一年しか違わず、雄略天皇の崩御は西暦四七九年か四八〇年だと断言してもいいだろう。

そして、この雄略天皇紀がそれ以前の天皇の記録と違うのは、「辛亥年《かのとい》」と書かれた鉄剣を見てもわかるように、すでにこの時点で干支が日本全国にある程度浸透していた、ということだ。

雄略天皇以前の干支は、後の日本書紀や古事記の編纂時期、つまり飛鳥時代末期から奈良時代にかけて年代を遡って推定したものだと考えられるが、先述のように複数の間違いが絡み合い、今のところ決着を見ない。

古事記はなお雄略天皇の享年を百二十四歳と記録しており、明らかに年齢異常がみられる。このことは当時、地域によって暦の使い方に違いがあり、その混乱を記録しているものとみてよいだろう。

しかしながら、当時辺境であった武蔵国で干支を使用する豪族がいたわけで、朝廷が干支を知らなかったとは思えない。

古事記に関してはこれが勅命で作られたと言っても、稗田阿礼《ひえだのあれ》なる人物の口述とされ、年紀の精度に関しては全く未知数だ。

しかし、日本書紀の編纂時は五世紀当時の朝廷が持っていた資料も残っていたに違いなく、そこに雄略天皇の埋葬年「庚申《かのえさる》」が記録されていた可能性は十分あろう。

鉄剣が作られたのは辛亥年と刻まれており、これが四七一年作成だろうという推定とも整合し、この年代は基点たり得ると言えよう。

そして雄略天皇の生年は、日本書紀の記録によれば、允恭《いんぎょう》七年に雄略帝誕生時のエピソードがある。

書記によれば十九代允恭期は四十二年、二十代安康《あんこう》期は三年、二十一代雄略期は二十三年である。

雄略天皇崩御に当たる雄略二十三年が西暦四七九年として、同じように引き算すれば允恭七年は四一八年となり、雄略天皇の没年齢は六十一歳（数えで六十二歳）になると見られる。

また、同様に安康元年は四五四年となるが、この時期の日本書紀の年紀が信用できる根拠として、この年は「甲午《きのえうま》」と記録されており、該当する西暦年は正しく四五四年となるのである。

少なくとも日本書紀によるこの時代の年期は、かなり正確だと言わざるを得ないのだ。

雄略天皇の生没年は四一八～四七九年頃と見て、ほぼ合っているに違いない。

ただ、これから算出したいのは、さらに過去にさかのぼっての概算年数推理であるから、キリのいいところで雄略天皇の生年を判りやすく〝四二〇年頃〟としておくこととし、これを絶対基点とする。

「大彦」の生年もほぼ確定できる

問題はここから遡っていかなければならないことで、不安材料が残っていることは指摘しておかなければならない。

皇統の系譜

開化①—崇神②—垂仁③—景行④—ヤマトタケル⑤—仲哀⑥—応神⑦—仁徳⑧—允恭⑨—雄略⑩天皇
└大彦

①一九五　②二二〇　③二四五　④二七〇　⑤二九五　⑥三二〇　⑦三四五　⑧三七〇　⑨三九五
⑩四二〇

であり（数字は推定生年）、

稲荷山の鉄剣銘文の系譜

大彦①—タカリの宿祢②—テヨカリワケ③—タカヒシワケ④—タサキワケ⑤—ハテヒ⑥—カサヒヨ⑦—ヲワケ⑧

この二つの系譜はその始まりと終わりで二世代の差が生じているのである。鉄剣に書かれた系譜との二世代のズレは、この「世代平均計算」一番の欠点とも言える。「日本書記」の系譜を二十五年ずつ遡れば、オオヒコの生年は雄略天皇から九代遡るから、西暦で四二〇―二五×九＝一九五年頃となる。

これで鉄剣の系譜に合わせるのであれば、「ヲワケ」と「オオヒコ」間の平均一世代年数は三十二歳となる。現代なら一世代の平均年数と言えるが、古代としてはやや長く見える。

もっともこれは「雄略天皇」と「ヲワケ」を同い年だと仮定した場合の話だ。

ヲワケは元々首都である大和で朝廷の近衛隊長をしていた人物で、おそらくは地元である武蔵に戻って隠居していること。

おそらくは死に臨んで自らの事績を記録にとどめたいと望んだヲワケが、最晩年に作らせたのがこの鉄剣であろうことを顧慮すれば、ヲワケは雄略天皇よりもかなり年長であった可能性が高い。

仮に鉄剣を作った四七一年に七十五歳であったならば、その時雄略は五十歳くらいだから、それだけで一世代の差は埋まる事にはなる。

ただ、それでもなお一世代のズレは残る。もっともヲワケ側の一世代平均を二十九歳くらいにすれば一世代の誤差は抹消できるから、たまたまひとり高齢で子を儲けた人物がいるだけなのかもしれない。

五十歳くらいで子を儲けた人物が一人でもいれば、それだけでこの問題は解決する。だが、証拠が何一つなく不安は残る。

そこで「日本書紀」側の系譜に錯誤、つまり兄弟を親子と記録するなどの誤記がある可能性も考慮してみたが、あまりその可能性はなさそうなのである。

何故なら、崇神天皇の兄弟である日子坐王《ひこいますのみこ》以降の系譜を見ると、

日子坐―大筒木真若―迦邇米雷―息長宿祢――息長帯姫―応神
※日子坐は崇神の兄弟

崇神―垂仁―景行―ヤマトタケル―仲哀―応神

右記は神功《じんぐう》皇后の系譜（古事記）で、左記は言うまでもなく天皇家の系譜である。
開化天皇の児（崇神、日子坐）以降、応神天皇に至る世代数が、皇統と合致している。
日本書紀編者が恣意的な系図操作を大々的に行うなど特殊な事情がない限り、崇神天皇から応神天皇に至る系譜はごく自然と言える。

さらに応神天皇以降、雄略天皇までの系譜はどうかというと、先述のとおり皇統とは別の、

応神天皇から継体天皇に至る系譜は残されている。

継体天皇の生まれを干支で見ると、日本書紀によれば四五〇年、古事記によれば四八五年と三十五年もの差がみられる。

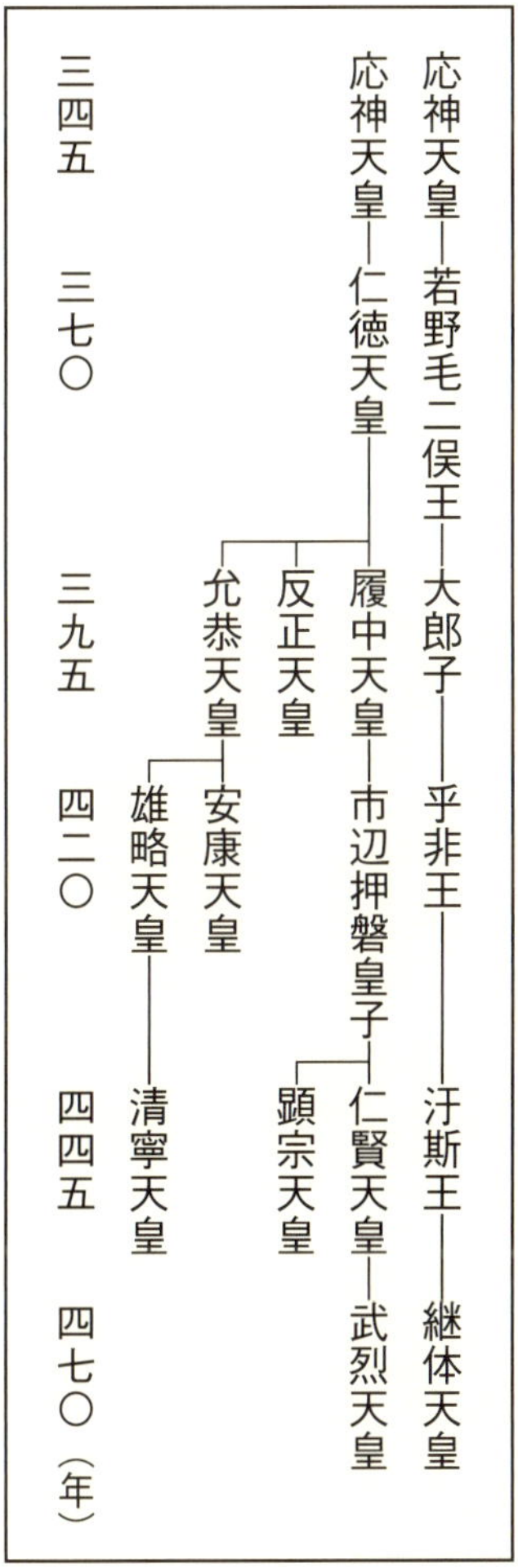

継体の、応神から数えた世代数は武烈天皇と同じ五世代で、武烈天皇は雄略天皇の二世代下だから、単純に一世代二十五年とすれば雄略天皇より五十年の後である、大体四七〇年頃の生まれになるだろうが、これはちょうど「記紀」の間くらいで、確かなことはよくわから

ない（ちなみに武烈天皇は四八九年頃の生まれ、とする説が有力）。

ただ、いずれにしても齟齬をきたす年代ではなく、世代数を勘案するうえで不審な数値ではない。


以上から日本書紀の応神天皇以降、雄略天皇までの代数も特に問題はないと言えるだろう。

ここまで見ると、やはりヲワケの系譜の中に、二世代分になる年齢、五十歳くらいで子を儲けた人物がひとりいた、と考えていいと思う。

あるいは先述したように、天皇家も儒教が入り込む仁徳天皇以前は長子継承の原則には縛られていなかった。とすれば地方の豪族などが儒教の影響を受けるのはもっと遅かったはずで、末子継承の原則が長く残った結果、一世代の平均年数は自然と長くなった可能性も高い。

系図と推定生年をまとめると、

孝元	開化	崇神	垂仁	景行	ヤマトタケル	仲哀	応神	仁徳	允恭	雄略	
	大彦										
一七〇	一九五	二二〇	二四五	二七〇	二九五	三二〇	三四五	三七〇	三九五	四二〇	（年）

となる。

そしてこの年代推定は、

①オオヒコの叔母に当たる孝元天皇の兄弟である倭迹々日百襲姫をヒミコとした時、魏志倭人伝に対応している

②応神天皇の生年が三四五年前後ということは、現在の中国にある好太王碑文《こうたい》の「辛卯の三九一年、倭が海を越え、新羅《しらぎ》百済を臣民とした」という記録と整合する。応神天皇は、その母である神功皇后と並んで「三韓征伐」の主人公だ。

③また、応神天皇陵は、周囲の陪塚《ばいちょう》である誉田《こんだ》丸山古墳から出土したとされる（一説に応神陵そのものとも）円筒埴輪が、古墳の中で最新と考えられる手法である窯焼（須恵器《すえき》という）で作られている。

これは、応神陵以前には今のところ見られない手法であり、奈良や宇治で須恵器と一緒に見つかった木製品の年輪幅の算定から西暦年を見ると、それぞれ四一二年と三八九年と推定できた。つまり、応神陵の築造は概ね四〇〇年前後と推定できるのである

（『ふじいでら歴史紀行』二〇一四年五月より抜粋）

応神陵の近くには「誉田八幡宮」（八幡神とは応神天皇のことである）があり、社伝によれば欽明《きんめい》天皇二十年（五五九）に応神天皇を祀る神廟が設置されたと言い、御陵の築造から百五十年程度しか経っていない。

これは現代人から見ればちょうど明治天皇の父である「孝明天皇」の陵墓の場所を認識する感覚と同じで、陵墓の比定を間違えた可能性はほとんどないと言っていいだろう。

つまり、応神天皇の推定生年三四五年というのは、おおむね妥当な数値と言えるだろう。

④先述のとおり鉄剣年数に二世代の違いはあるが、特に齟齬は認められず、辛亥の年四七一年は獲加多支鹵大王、つまり雄略天皇の時代として符合する。

以上から、オオヒコの生年は大体一九五年前後とみなすこととする。

さかのぼる代数が多いため、相応の誤差も想定されるが、これらはあくまでこれから述べる史実確認に必要な大まかな年代設定と考えていただきたい。

三輪山神話は崇神天皇の御代

次に、倭迹々日百襲姫の没年を、放射線炭素年代測定による箸墓の推定築造年頃と見て、これを基点にしたい。

国立歴史民俗博物館研究報告によれば、箸墓の周濠《しゅうごう》において発掘した複数の土器に付着した炭化物を炭素十四年代測定で観測した結果、概ね西暦二四〇～二六〇頃の築造（竣工）と算定した。

これは、二四八年頃亡くなったとする魏志のヒミコの墓の記述と一致している。

箸墓は宮内庁管轄で、立ち入りは厳しく制限されているため、測定できたのは周濠のみではあるが、常識的に考えて本体である古墳と周濠は同時期の建設であろうから、当時の地層から出土した有機物は箸墓築造時期のものだと考えられる、という。

この年代を基準年として、歴史上の出来事との関連を調べてみよう。

今、三輪山の麓にある箸墓は、「書記」には大市に葬られたとあり、この辺りの古墳であ

箸墓古写真（宮内庁）

ることは間違いない。

日本書紀には七世紀の壬申の乱において、上ツ道に沿った箸陵での戦いを記録しており、時代的に該当しそうな巨大古墳は今の箸墓しかない。


また、今でもこの場所の地名は「箸中」であるが、これは「箸墓」「箸の墓」からきたもので、江戸時代は「箸中村」だった。

飛鳥時代も今もこの墓には倭迹々日百襲姫が眠っているという認識は変わっていないと考えられる。

この姫は七代孝霊天皇の皇女であり、八代孝元天皇の妹であると記紀、旧事記ともに書かれている。

第一章に述べたように、ヒミコの正体は現在の天皇家に繋がる皇女であり、斎王であった。従って、彼女は必ず「記紀」に記録された皇族の一員であるし、その墓所もほかではなく大和地方にあると見なければならない。

そして倭迹々日百襲姫はオオヒコのオバにあたる。

そのことも、記紀、旧事記に共通して記録されている。

その生年は、オオヒコの一世代上、一七〇年頃ということになろう。

その墓である箸墓の、築造時期が二五〇年前後であることは、放射線調査で概ね特定されていると言っていいだろう。

時代的には整合し、「魏志」のヒミコとみなしてもおかしくはない。

これをもとに一旦年表を推定するとこのようになろう。

一七九頃―一八四頃　大乱（梁書『霊帝光和年中』から）、空位時代。
一七〇前後頃　ヒミコ（百襲姫）、生まれる（オオヒコの叔母にあたるため、二十五年年長として）。
一九五頃　ヒミコ、斎王に就任（梁書、北史）。同時或いはその後、ヒミコが摂政に就任。
　オオヒコ（ヒミコの甥）、生まれる（雄略天皇の生年を四二〇として逆算）。
二二〇前後　ミマキイリヒコ（後の崇神天皇）、生まれる（雄略天皇の生年を四二〇として逆算）。
二三八　ヒミコ、魏に遣使。使節に難升米、都市牛利（魏志）。
二四七　再度魏に遣使。
二四八頃　ヒミコ薨去、「男王」即位（魏志からの推定）。戦乱が再発生し、ヒミコの宗女、台与が女王に即位。戦乱が収まる。
二六六　台与、晋に遣使（晋起居注逸文）。

これだけ見ると、一応は辻褄が合うのだが、事はそう簡単ではない。

順を追ってみてみよう。

「日本書紀」では、倭迹々日百襲姫は崇神時代に武埴安彦《たけはにやすひこ》の反乱を予知し、国民の過半数が死んだ疫病の原因を大物主神の祟りだと告げた。

そして同じ崇神天皇期に倭迹々日百襲姫は「大物主神の妻になった」エピソードが書かれているのである。

百襲姫は崇神天皇の二世代上の人物（二七頁参照）であり、すべてのエピソードがその崇神天皇期に出てくる、というのはかなり違和感がある。

もちろんこれら記紀の記録の時系列が正しい根拠は何一つない。

「古事記」には崇神期に姫が大物主神と契った、と記録されておらず、日本書紀だけの伝承だとすれば、このような伝説の類に正確に、どの天皇の御代の出来事か、などを考察してもあまり意味はないかも知れない。

と思ったのだが、鎌倉時代の「万葉集注釈」に多氏古事記《おおしこじき》の引用文（逸文）として以下の記録があることを確認した。

「土佐國風土記に曰く、神河、三輪川と訓む源は此山の中に出でて伊與の國に清き水届《とづ》くる。大神の為に酒を醸《か》むにこの河の水を用ゐる。故《かれ》、河の名と為す。

世に神の字を訓《よ》みて三輪と為すは、多氏の古事記に曰く、崇神天皇の世に倭迹々媛の皇女（ひめみこ）、大三輪の大神の婦と為りき、夜ごとに一壮子《をとこ》あり、密に来りて暁に去りき。皇女、奇《あや》しと思し、綜麻《へそ》を針に貫き、壮子の去るに及びて針を欄《おばしま》に貫きき、旦《あした》（朝のこと）になれりてこれ看れば、唯三輪のみ器に遺れり。

故、時の人三輪の村と称《な》づけき。社の名も亦然《またしか》りと云々」

ほぼ古事記の活玉依毘売《いくたまよりひめ》（大神神社の神主である大田田根子《おおたたねこ》の先祖）の神話と同じである。その古事記の活玉依毘売神話もやはり崇神期に書かれていて、どうも崇神天皇時代を無視できなさそうである。

この「多氏古事記」は現存しないが、今ある「古事記」序文は同族である太《おおの》（多）安万侶《やすまろ》が書いており、多氏にこの手の伝承が複数のバリエーションで伝えられていたのだろう。

この伝承によれば、「倭迹々姫」が「崇神天皇の御代」のこととして三輪の神と契っていた、という点では日本書紀の記録と（内容はやや違えど）合致するのである。

とすれば武埴安彦反乱の予知をしたのも、大物主神の「妻」になったという時期も、崇神天皇の御代だった、という共通認識があった可能性が高いのである。

謎の皇女・倭迹々姫とは誰か

ところで、この「多氏古事記」に出てくる「倭《やまと》迹《と》々《と》姫《ひめ》」に注目していただきたい。この名は、日本書紀で〝倭迹々日百襲姫〟とは別人として、孝元天皇の娘、崇神天皇の叔母として記録されているのである。

また、「旧事紀」には、

孝元天皇　七年の春二月、鬱色謎命《うつしこめのみこと》を立て皇后《きさき》と為したまふ。二男一女（ふたはしらのひこみこ、ひとはしらのひめみこ）を誕生（あれ）ましぬ。

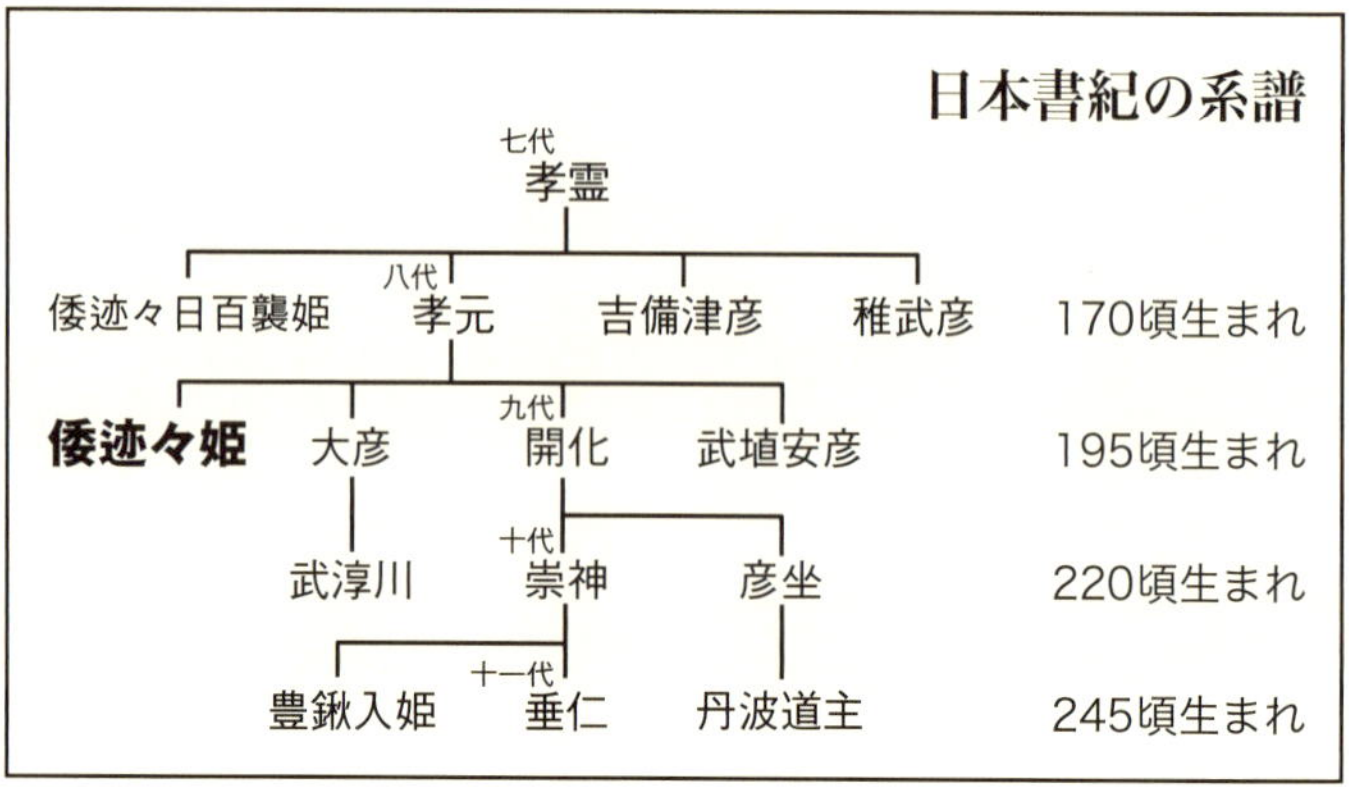

児は大彦命、次は稚日本根子彦大日日尊（開化天皇）、次は倭迹々姫。

とある。

孝元天皇期の最後にも、他の妃との子を記載し、孝元天皇には合計五人の子がいたと言い、末っ子として「倭《やまと》迹《と》々《と》姫《ひめ》　伊《い》勢《せ》斎《いわい》調《のつき》」とあるのだ。

ここで少し長くなるが、第一章で一部を挙げた日本書紀の崇神天皇期における倭迹々日百襲姫と倭迹々姫の登場シーンをあげてみる。

崇神十年九月二十七日

大彦は和《わ》珥《に》坂《さか》（今の天理市）または山背の平坂に至ると、童女が奇妙な歌を歌っていた。

孝元天皇陵

御間城入彦《みまきいりひこ》はや　己《おの》が命《を》を　弑《しい》せむと　窃《ぬす》まく知らに　姫遊びすも

崇神天皇は、自分の命を奪おうとする謀略があるのも知らないで、姫様と遊んでるよ

大彦は「お前が言ったのは何の事か」と問うと、「何も言っていません。ただ歌っているのです」と言い、もう一度同じ歌を歌うと、忽然と姿を消した。

大彦は戻って復命すると、（崇神）天皇の姑（をば）、倭迹々日百襲姫――聡明で叡智に満ち、未来を予知できた――が言うには「これは武埴安彦謀反のしるしであろう。聞いたところによると、その妻吾田媛《あたひめ》がこっそり倭香山（天香久山《あまのかぐやま》）の土を取って、領巾《ヒレ》（スカーフのようなもの）のはしに包んで「これは倭国《やまと》の物実《ものしろ》」と言って、（国を奪う呪術をかけて）帰っていったのです」と。

（その後、武埴安彦軍を制圧した後）

この後、倭迹々日百襲姫は大物主神の妻となった。

しかし、この神は昼見えず、夜しか現れない。

倭迹々姫は夫に語って「あなたは常に昼は来ないで、そのお姿を見ることができません。どうかしばらくとどまって、明朝はその美しい姿を見せてください」と頼んだ。

大神は「もっともだ。明朝私はお前の櫛笥《くしげ》（化粧箱）に入っている。どうか我が姿に驚かないように」

倭迹々姫は心の中で変だと思ったが、翌朝櫛笥を見ると、とても美しい小さなヘビが入っていた。その長さ、大きさは衣の紐のようで、驚いて叫んだ。

大神は恥ずかしく思い、すぐ人の姿に戻って妻に言うには、「お前は私に恥をかかせた。私もお前に恥をかかせよう」と言って大空を踏んで御室山《みもろやま》（三輪山）に登ってしまった。

倭迹々姫は仰ぎ見て後悔して、しりもちをつくと、陰部を箸で突いて亡くなった。大市《おおいち》に

童女が不思議な歌を歌っていた場所に作られた「幣羅坂《へらさか》神社」

葬られ、時の人は名づけて箸墓という。（以下略）

ここではどうも倭迹々日百襲姫と倭迹々姫がごちゃ混ぜになっている。

はじめに倭迹々日百襲姫は大物主神の妻になったと書きながら、そのあとは姫の名がなぜか全部倭迹々姫になってしまっている。

おまけに武埴安彦反乱を予知した倭迹々日百襲姫は崇神天皇の「姑（をば）」と書いている。少し前の系譜に七代孝霊天皇の子として、崇神の二世代上の人物として書いているにも拘らず、である。

日本書紀の注釈書の中には〈この姑は、今の「オバ」と「大オバ」両方の意味がある〉としているところもあった。

だが、紀元前に作られ、「日本書紀」編纂の時代も参

考にしていたと考えられる漢代の類語辞書「爾雅《じが》」に、

「父之姉妹を姑と為す……王父（祖父）之姉妹を王姑と為す」


とあり、ここは「大姑《おおおば》」とするのが正しいはずだ。

もちろんこれが「倭迹々姫」のことであれば「姑」で合っていることになる。

これまた倭迹々姫を倭迹々日百襲姫と混同していることを示す。

これら一連の不自然さは、日本書記を編纂するに当たって調べた、大物主神と契り、武埴安彦の謀反を予言した「倭迹々日百襲姫命」の系譜の伝承に統一性がなく、混乱があったことを示す証拠だろうと思う。

また、どうしても理解しかねる問題として、やはり先の三輪山神話が挙げられる。

この三輪山神話は倭迹々日百襲姫の死亡時期と同時、ということになっている。

大物主神の妻となって、ヘビ姿に驚いたため陰部を箸で突いて死んだ、それで箸墓を作った、という神話が遺されていることは先に書いた。

ヒミコが一七〇年頃生まれの倭迹々日百襲姫として、魏志の書くとおり二四七年頃死亡した人物とすれば、その頃ヒミコは七十代後半の、この時代にはめったに見られないであろうほどの老人である。

そんな老人の死に、結婚だのこんなエロティックな神話が残されるのだろうか？　というのが第二の疑問である。

先の多氏古事記と言い、日本書紀の混乱と言い、三輪山神話や武埴安彦謀反の予知の当事者が「倭迹々姫」だったという確かな伝承があったのだろう。

そしてその世代でなければ、「三輪山の妻」となり「女陰を突いて死んだ」という神話が生まれるとは考えにくいし、倭迹々日百襲姫命を崇神の「姑」と書くとも思えないのである。

まとめると、

○孝霊天皇の皇女として倭迹々日百襲姫命がいたことは、「記紀」「旧事記」とも一致しており、これは実在していたとみてよい。

○一方、孝元天皇の皇女として倭迹々姫がいたらしいことも、古事記以外の、「書記」「旧事記」に記録されており、実在した可能性は極めて高い。

○さらに、当の日本書紀が何故か倭迹々日百襲姫命を崇神の「姑」だと書いていることもただの錯誤ではないと思われる。

○また、一連の箸墓伝承が生まれる土壌として必要なのは、当然主人公である姫が美女だという庶民の思惑であり、老人では決して生まれ得ない伝承である。

しかもその時期は、「日本書紀」や「多氏古事記」に崇神天皇の時代とある以上、崇神天皇期の御代（または崇神天皇が実権を握っていた時代）でなければならない。

このことは、箸墓の被葬者が比較的若くに亡くなった倭迹々姫としなければ生まれにくいことを示している。

○かといって、箸墓の規模は天皇陵並の巨大さである。なんの事績も遺していない倭迹々姫のものとも考えにくいし、わざわざ日本書紀が箸墓の築造の事を記録したからには、被葬者に多大な功績があったからに違いない。

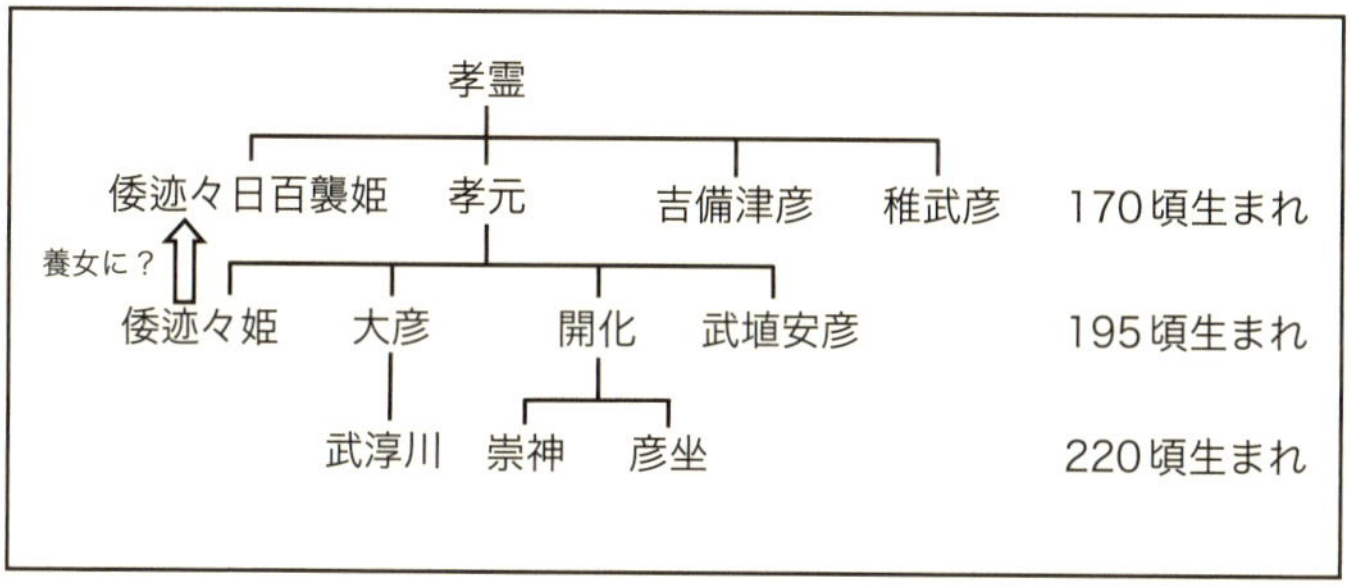

讃岐に疎開していた少女ヒミコ

これらの矛盾を解決する、おそらく唯一の考え方は、倭迹々日百襲姫命と倭迹々姫が、実は同一人物である、ということだろう。具体的には、姫は孝元天皇の実子であるが、何らかの事情があって、祖父・孝霊天皇の養女になったのではないか、ということである。

こう考えれば、ほぼすべての事象を矛盾なく説明できる。

倭迹々日百襲姫＝倭迹々姫とみると、彼女の本当の生年は一九五年くらいとなる。

これなら先のエロチックな三輪山神話を残しても、一応おかしくない年齢だとは思う（祖父の養女になった背景については、第三章で推察する）。

水主神社

ただ、実はこれでは今度は魏志などの年代と合わなくなるのである……。
その問題を一旦おいて、倭迹々日百襲姫命に関しては、幼い頃四国に疎開していた、という伝承をみてみよう。
香川県水主《みずし》神社の社伝によれば、百襲姫は七歳の時に戦乱を避けて大和の黒田を出発し、八歳の時にここ水主に着き、成人（当時の女性の成年は十三歳くらいだろう）するまで住んでいた、という。
神社の立て看板によると「弥生時代後期、女王卑弥呼の死後、再び争乱が繰り返され、水主神社の祭神倭迹々日百襲姫命は、この争乱を避けて、この地に来られたと伝えられています」という。

百襲姫七歳の時、黒田廬戸《いおと》（田原本町黒田）を出て、讃岐国に派遣され、八歳の時に水主宮内に着き給う。

安堵の浦（現かがわ市引田町安戸）に上陸、その御殿跡が「水主神社」で百襲姫の名にちなみ、ここを「大内《おおち》」と呼ぶようになった。

付近の神社である田村神社や桃太郎神社などの社伝をまとめると、次のようなものである。

〈彼女は成人まで住んで、農業、水路、文化の興隆成し、水徳自在の神とたたえられ、現在高松市街にある田村神社にも居を構えた、という。

その後、桃太郎（稚武彦）は讃岐の鬼退治の為に姉の百襲姫に会いに来た。

女木《めぎ》島の鬼を退治し、鬼の残党が香西の海賊城に集まったが、遂に鬼を壊滅させた。

鬼がいなくなったため、その地を「木出」から「鬼無」と改名したという〉

水主神社には、姫の父である孝霊天皇を祀る社も存在する。

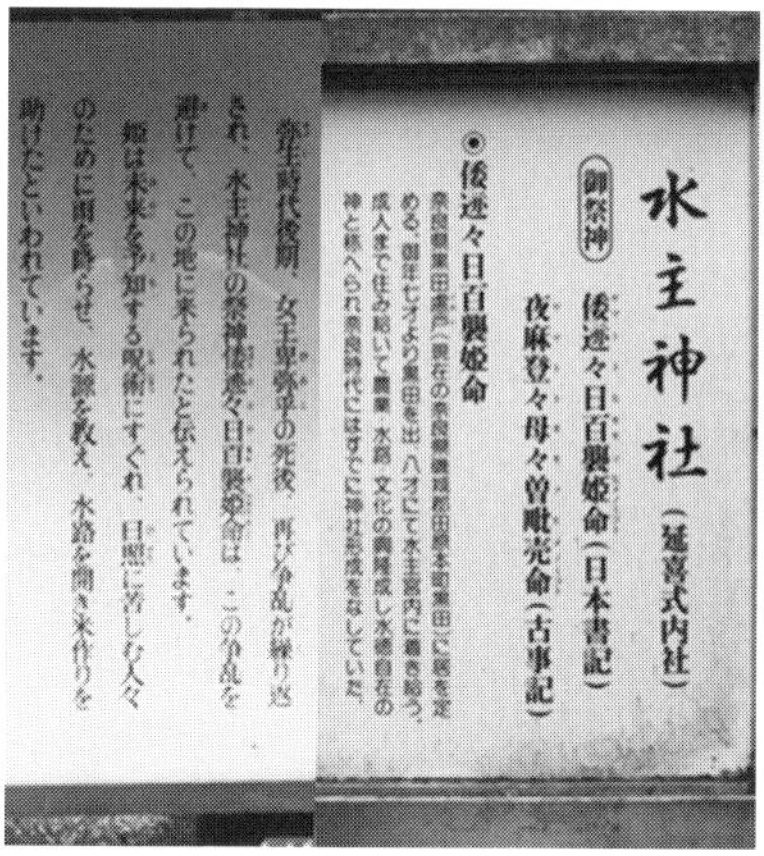
水主神社
（延喜式内社）
御祭神
倭迹々日百襲姫命（日本書記）
夜麻登々母々曽毗売命（古事記）
●倭迹々日百襲姫命
弥生時代後期、女王卑弥呼の死後、再び争乱が繰り返され、水主神社の祭神倭迹々日百襲姫命は、この争乱を避けて、この地に来られたと伝えられています。
姫は未来を予知する呪術にすぐれ、日照に苦しむ人々のために雨を降らせ、水路を教え、水路を開き米作りを助けたといわれています。

水主神社御由緒書

倭迹々日百襲姫命を祀る　讃岐国一宮　田村神社

「鬼が島」だったであろう女木島を大正三年に橋本仙太郎という人が調査したところ、大規模な洞窟跡が発見され、伝説が現実のようになった。

四道将軍である兄の吉備津彦と共に西国遠征に来た稚武彦《わかたけひこ》は、今の水主神社の地で兄弟の百襲姫と再会したという。

ちなみに稚武彦は百襲姫の兄弟で、ヒミコが七歳なら彼も同じくらいの幼少になってしまう。そんな子供が大将として軍事遠征する訳がない。

しかし、百襲姫が実は孝元の娘（稚武彦の姪っ子）ならば、稚武彦はその時ざっと三十代半ばで十分出会うことはあり得るのだ。

これもまた倭迹々日百襲姫命＝倭迹々姫命を示す一つの根拠と言えるだろう。

（ただし、四道将軍遠征が、実は崇神期に一気に行われたのではないことが前提である。

実際、「古事記」では七代孝霊天皇の時に吉備津彦は弟の若建彦吉備津彦〈稚武彦〉とともに西国遠征をしたという。

崇神天皇とは三世代も違う天皇だが、系譜を見る限り、この方が遥かに妥当だ。

同じ四道将軍である彦坐王や武渟川別《たけぬなかわわけ》は稚武彦の二世代下、丹波道主に至っては吉備津彦の三世代下だから、初めから同時遠征はあり得ない）

香川県にある田村神社の
「倭迹々日百襲姫命」と「桃太郎」の像

これを一度、年表にしてみよう。

一七八頃～一八四頃　大乱（梁書「霊帝光和年中」から）。空位時代。
　　　　　　　　　その後、ヒミコが邪馬台国の女王になる。
一九五頃　　　　オオヒコ（ヒミコの甥）、生まれる（雄略天皇の生年を四二〇として逆算）。
　　　　　　　　ヒミコ、生まれる（実はオオヒコの実妹）。
二〇二頃　　　　倭迹々日百襲姫命、讃岐に疎開（～二〇八頃）。
　　　　　　　　その後、倭迹々日百襲姫命、斎王（ヤマトの摂政）になる。
二二〇前後　　　ミマキイリヒコ（後の崇神天皇）、生まれる（雄略天皇の生年を四二〇として逆算）。
二二五頃　　　　台与、生まれる（女王に即位した頃である二三八年時の十三歳をさかのぼった）。
二三八　　　　　*ヒミコ、魏に遣使。*
二四七　　　　　*再度魏に遣使。*
二四八頃　　　　*ヒミコ薨去、*「男王」即位（魏志からの推定）。*戦乱が再発生し、ヒミコの宗*
　　　　　　　　女、台与が女王に即位。戦乱が収まる。
二六六　　　　　台与、魏に遣使（晋起居注〈日本書紀の引用〉）。

斜体は魏志より

いろいろと矛盾が生じている。

まず、一七九頃～一八四頃の倭国大乱の時にヒミコが生まれていない（一九五年頃の生まれ）はずなのに、魏志ではその直後にヒミコが女王になったように書かれている点が一つ。

「魏志」には初めの遣使である二三八年時点でヒミコを「年既に長大」としているが、これではせいぜい四十歳そこそこで、年長大というほどではないことが一つ。

水主神社の社伝によれば、倭迹々日百襲姫命は七歳から十三歳くらいまで讃岐にいたはずだが、これは二〇二年頃から二〇八年頃に該当する。

この時すでにヒミコは邪馬台国の女王として君臨しており、大和にいたはずというのが一つ。

これではとても倭迹々日百襲姫命＝倭迹々姫命＝ヒミコという仮説は成立しそうにない。

日本書紀、古事記、旧事記から多氏古事記、そして神社の伝承まで日本国内の諸資料はすべて整合するのに、中国側の記録と重ねた途端、それが崩れてしまった。

しかし、私はこれらは全て中国側の暦とヤマト人が使っていた暦の錯綜が原因だと思う。

二倍年暦で最後のカギが合った

二倍年暦（春秋歴とも）とは何か。

それ以前、日本では現在の一年を二年とカウントする二倍年暦を使っていた、とする有力な説がある。

近年は比較的この説を支持する研究者は多い。

それ以前、明治十三年に英国人のウィリアム・ブラムゼンという人物が「古代天皇の長寿から見て、春分秋分や冬至夏至をもって、今の一年は二年と数えていたのではないか」と提唱している。

魏志には「魏略に曰く」として、

其の俗正歳四節を知らず　ただ春耕秋収を計りて年紀となす

とあり、また別の個所では倭人の寿命の長さを強調して、

> 其の人（倭人）寿考（長寿）、或いは百年、或いは八、九十年

とある。

幾ら日本人が長生きの人種だとしても、中世の平均寿命は五十歳前後だろう。ヒミコの時代も同じようなものだったはずだ。

これらの記述は、ヤマトが二倍年暦を使用していた可能性を示唆している。

民俗学者の田中宣一氏の著書『一年両分性説覚書』（成城文藝）によれば、戦前民俗学の巨頭ともいえる柳田国男は「正月と七月と、もとは必ずしも大きな差別なく、半歳に一度ずつの祭典として、神の送迎ということの行われて居たのを、図らざる外国の感化を受けて……」といい、折口信夫は「日本では正月から十二月までを一つづきに一年と考えないで、六月を境に、一年を二期に分けて考えた。江戸時代には作物が思わしくなかったり、世間の景気が悪かったり悪疫が流行したりした時には、村中が申し合わせて正月をし直すことがあった。其れを仮作正月というのであるが……」と語り、正月と盆は共通し、元来同じ行事の半年ごとのくり返しと認められるという。

夫婦岩の沖、約650ｍに「興玉神石」が沈んでいる

これらの習俗は、儒教が日本に入り込む四世紀以前の、日本独特の文化が今なお残っている証だろうと思う。

お彼岸を基準として、今の一年に「春年」「秋年」の二回、正月を迎えていたのではないか。

また民俗や宗教学ではよく知られているように、お彼岸の行事そのものが仏教など外来の習俗ではなく、日本独自のものなのである（なお、お盆も用語こそ「盂蘭盆会《うらぼんえ》」なる仏教用語だが、先祖が里帰りする、という思想は仏教にはない、という）。

日本には極楽だの浄土だの言う思想は元々なく、先祖は海や山、あるいは海の向こう、さほど遠くないところにいて、お彼岸や盆には帰ってくるのだという思想だったようだ。

周知のようにお彼岸は太陽が真東から昇る、年に二回しかない特別な日である。

また、冬至や夏至も同じく重要な日本的儀礼の日であった。やはり太陽運行に関わっており、冬至は昼が最も短い、つまり太陽の力がもっとも弱まる日で、これはすなわち一年で太陽が一旦死を迎え、同時に生まれ変わる日だ、と捉えられていたらしい。

だから今でも勤労感謝の日は冬至の名残で、旧暦から新暦に変わり、一ヵ月ほど時期がズレているが、歴代天皇は今も「新嘗祭《にいなめさい》」として神に稲穂を捧げ、神と共に過ごすのである。

伊勢神宮の宇治橋は、外から見れば冬至の日に橋の向こうから太陽が昇り、第一章で述べたように、伊勢の二見ヶ浦では、夏至の日に夫婦岩の間、沖に沈む「輿玉神石」の向こうに富士山が望め、その向こうに太陽が昇るのである。

日本人は春分秋分夏至冬至に異常にこだわるメンタリティを持っているのである。

これらの習俗は、大昔日本人がこれらを年期の基準と見做していた名残だろうと思う。

いずれも「日出ずる国」に相応しく、太陽の運行が一年の基準となっている「太陽暦」の一種であり、「お彼岸」は「お日願」の事だという説もある。

また、「卑弥呼」の時代周辺の天皇の崩年を見ると、

孝霊　百二十八歳（日本書紀）　百六歳（古事記）
孝元　百十六歳　五十七歳
開化　百十一歳　六十三歳
崇神　百十九歳　百六十八歳
垂仁　百三十九歳　百五十三歳

と実年齢ではあり得ず、春秋歴を使っていたとすれば、概ねこの二分の一の年齢となり妥当である。

ただ、見てもわかるように、そもそも日本書紀と古事記の年齢がまるで合っておらず、天皇の崩年自体はまったく参考値にはならない。勿論、干支も混乱しており、ここでは一切参考にはしないのは始めに述べたとおりである。

考えてみれば、魏の連中が実際この時代に生《ライブ》で「倭国大乱」を目撃したわけでもニュース

を得たわけでも何でもないのだ。

これらはすべて邪馬台国の使節である難升米《なしめ》らが二三八年や二四七年の遣使の際、魏に問われて答えた回答から導き出された数字に過ぎない。

中国の諸資料のうち、もっとも「倭国大乱」の時期が絞られている梁書の一七八～一八四年(光和年間)から、ヒミコによる初めての魏への遣使である二三八年までは五十四～六十年である。

これは、おそらく難升米らが、最初の遣使である二三八年に、「五十四年から六十年くらい前、戦乱で大変なことになった。それでまもなくヒメミコさまが指導者になったのだ」と説明したに違いない。

それを聞いた魏は引き算して「ああ、ならば、霊帝の頃、光和年間の頃だな」と受け取った、ということだろう。それを記録した。

また、大乱時は少女だったとはいえ、五十四年から六十年も前に即位した女王であれば、もう相当な高齢であろう、と受け取ったか、或いは「ヒメミコさまは今六十代だ」などと説明され、「年既に長大」とも記録したのだ。

しかし、難升米らが二倍年暦を用いていたとすれば、倭国大乱は実際には二三八年の

〝五十四〜六十年前〟の半分、つまり二十七〜三十年前のことだと言わねばならない。

これは西暦で言えば二〇八〜二一一年頃のことである。

実際にはこの時にヤマト国に大戦乱が起き、おそらく一種の無政府状態となったのだ。

同じように、台与が女王になったのも今の暦で十三歳ではなく、半分の七歳と見た方がいいだろう（年齢はいずれも数え年）。

そうすると、あくまで神社の「七歳で疎開」伝承を信じ、「一九五年頃」倭迹々日百襲姫命が生まれたとすれば、七歳の頃、つまり二〇一年頃に讃岐に避難したことになる。

そして当時成人とされたであろう十三〜十四歳である二〇七年頃にヤマトに帰っていったことになる。

ただ、この社伝の「七歳で疎開」さえ二倍年暦で残された可能性が高いと見た方がよいだろう。つまり、姫が疎開したのは現在の暦で四歳の時だとみた方が妥当だ。これはつまり西暦一九八年頃である。

そしてもう一つ、彼女が疎開した一九八年頃または二〇一年頃、とする神社伝承は、倭国大乱である西暦二〇八〜二一一年頃（以降シンプルに二一〇年頃、とする）の時期と非常に近いのは注目してよいだろう。

倭迹々日百襲姫命（倭迹々姫）の「生年一九五年」はあくまで雄略天皇の生年を四二〇年頃として、一世代二十五年として遡った筆者の推定でしかなく、精度は低い。

先の水主神社の社伝は「弥生時代後期、女王卑弥呼の死後、再び争乱が繰り返され、水主神社の祭神倭迹々日百襲姫命は、この争乱を避けて、この地に来られたと伝えられています」となっていたが、社伝に弥生時代だのヒミコだのが伝えられているわけがない。

伝えられたのは、あくまで「大和で争乱が起きたため、姫がここに避難してきた」ということであろう。

とすれば、ここにある「争乱が繰り返され」の「争乱」は、これこそが魏志にいう倭国大乱そのものだとみてよいのではないか。

そのようにみると、西暦二一〇年頃の事だろう、と言ったこの大乱が起きた時点で倭迹々日百襲姫命が四歳だった、ということになり、ここから彼女の生年はおそらく二〇七年頃だったと導き出すことができるのだ。

また、〝女王〟つまり斎王としてヤマトに君臨したのは、成人した後だから、十三〜十四歳とすれば二二〇年頃のこととなるだろう。

旧事記には孝元天皇の五人兄弟のうち、大彦（第一子）、開化天皇（第二子）がいて、倭迹々姫は末っ子として書かれている。

兄の大彦や開化天皇が一九五年頃の生まれなら、末っ子の彼女の生まれが二〇七年頃としてもおかしくない。

魏志によれば彼女は二四八年頃、つまり四十二歳くらいで亡くなり、その跡を継いだ台与《とよ》は当時十三歳ではなく、七歳だ。つまり、台与の生年は二四二年頃となり、台与の正体が二二〇年頃の生まれであろう崇神天皇の娘である豊鍬入姫《とよすきいりひめ》とみても差し支えないことが言えると思う。豊鍬入姫は姪の倭姫に先立って天照大神を三輪山の麓の笠縫邑に祀ったという、百襲姫に続く二代目の斎王と言える人物であり、ヒミコに次いで女王になったという倭人伝の記録にふさわしい。

「いくらなんでもそんな雑な記録をしただろうか？　魏としても難升米らからの聴取によって、邪馬台国の二倍年暦に気づいていたのでは？」という異論もありそうである。

しかし、魏は明らかに最後まで二倍年暦に気づかなかったがゆえに「春に耕し秋に収穫してそれを年期にする」と書きながらも、二倍年暦としか思えない「倭人は長生きで、或いは百年、或いは八、九十年を生きる」と記録したのではなかったか。

気づいていたのならば、必ず「倭は一年を二ヵ年とする年期を使っている」「それゆえ、百年を生きるといっても我々の年期では五十年である」などと記録していただろう。

また逆に、大陸の歴史や元号に疎い難升米らが「桓帝霊帝の時期（一四六～一八九年）、或いは霊帝光和年中（一七八～一八四年）に戦争が起きた」などと説明できたわけがない。

常識的に考えて、「〇〇年前に戦争が起きた」といった表現で説明するしかなかったとみるべきであろう。

崇神天皇はいつ即位したか

もう一つ、整理しなくてはならない点は、崇神天皇の在位期間の問題である。

そもそも周知の事として、「記紀」には倭迹々日百襲姫命や台与が女王として即位していたとか、摂政であったなどとは記載されていない。

だが今や倭迹々日百襲姫命がヒミコであることは動きそうもない上、日本書紀では彼女が亡くなった時は崇神天皇記の比較的初期であり、一方の魏志にはヒミコはその死まで女王として在位していたとある以上、倭迹々日百襲姫命の晩年は、実は崇神天皇はまだ天皇ではな

山背の平坂（幣羅坂）
「古事記」ではこの場所で童女が歌を歌ったという。

かった、まだ倭迹々姫が摂政として君臨していたと見なければならない。

その微証としては、先述の「ヒミコ」時代の終末期、つまり倭迹々日百襲姫命が崇神紀で武埴安彦の反乱を予知した時、童女が歌っていたという内容があげられるだろう。

御《み》間《ま》城《き》入彦《いりひこ》はや　己《おの》が命《を》を　弑《しい》せむと
窃《ぬす》まく知らに　姫遊びすも

これを聞いた倭迹々日百襲姫は、その優れた神がかりの能力で「武埴安彦《たけはにやすひこ》謀反の兆しだ」と助言した云々、ということは先ほど書いた。

「御間城入彦はや」という歌は古事記にも「美麻紀伊理毘古波夜《みまきいりびこはや》、美麻紀伊理毘古波夜《みまきいりびこはや》、意《お》能賀袁袁奴須美斯勢牟登斯理都斗用《のがををぬすみしせむとしりつとよ》……」とほぼ似た歌が記録されており、実際に歴史的事件の発端になった歌が歌われ続けていたのだろう。

この歌の意味を倭迹々日百襲姫がその神がかりの能力で分析して見せたことも、やはり人々の記憶に残っていたと見た方が自然だろう。

ただ、この歌が時の天皇に対して「御間城入彦はや」と呼び捨てにしていることは極めて不自然と言わねばならない。

天皇に対しては、ふつう「大王《おおきみ》」か「日の御子」と敬称である普通名詞（称号）で呼ばれ、私が調べた範囲では実名を呼び捨てにした歌など存在しない。

もっとも、一般にはこれが「神による警告の歌」だから呼び捨てなのだ、と言われているらしいが、例えば天照大神は「天壌無窮《てんじょうむきゅう》」「宝鏡奉斎《ほうきょうほうでん》」「齋庭《ゆにわ》の稲穂」それぞれの神勅で天皇（自身の子孫）に対し「吾が子孫《うみのこ》」「爾皇孫《いましすめみま》」「吾が児」「吾孫」と呼んでいて、呼び捨ては使わない。

また、後世になるが八幡神の神託では、

「神祇を唱え率ゐて、共に知識と為って、必ず皇帝の願を成し奉らむ（七四七年、東大寺

「本誓に任せて　帝皇を守護し奉る。国土平安に持ち給へ（七七七年）」

「開別天皇（天智天皇）の御宇には、新羅の僧道行、国家巨害の心を以て……（七六六）」

大仏建立の神託）」


といった具合だ。すべて「皇帝」「帝皇」「天皇」で、呼び捨てなど一つもない。

このことは、この歌が歌われた時点で、崇神天皇はいたが、天皇ではなく歌で「呼び捨て」ても不自然ではない地位だった可能性を示しているのではないか。

つまりこれは当時崇神がまだ即位前だった、ただし彼が実権を握っている時代だったから、のちにすべて崇神天皇記のこととして記録されるに至ったのではないか。

日本書紀の神功皇后紀に引用されている『晋起居注』（逸文）に、泰始二年（二六六年）に倭の女王の使者が朝貢した……とあり、このことも崇神が実権を握り、台与がお飾りの摂政だった時期のことを表しているのだろう。

ここまで書くと、これらの歴史的出来事が「日本書紀」の「崇神天皇記」に記録されてい

崇神天皇陵

る以上、「崇神天皇は実際に即位していたが、魏に対してはヒミコや台与が女王だと詐称していただけなのではないか」との疑義を抱く人もいるかもしれない。

確かにこれらのことは、十四世紀に足利義満が名目上天皇の臣下である征夷大将軍だったにもかかわらず「日本国王」と称し、勘合貿易で莫大な利潤を得ていた史実に似ている。

しかし繰り返すが、そもそもヒミコや台与が「摂政の斎王」となり、その間「皇位」が「空位」になったのは、戦乱を収めるため、というあくまでドメスティックな事情によるものであり、魏に対する遣使のためではない。

したがって、ヤマト側が魏に対し、崇神天皇の在位中にもかかわらず、詐称して彼女らを女王と偽っていた、という仮説は成立しないのである。

崇神は二四八年頃、おそらく父である開化の失敗を見て、慌てて即位する危険性を鑑み、まず皇位継承問題を棚上げして娘を「摂政・斎王職」に就任させたのだ。

武埴安彦の謀反と、倭迹々日百襲姫の死が「日本書紀」「多氏古事記」ともに共通して崇神天皇記のこととして書かれ、童女の歌がミマキイリヒコ（崇神天皇）への警告としてうたわれているのは、ヒミコ（倭迹々日百襲姫）摂政期の末期には、すでにミマキイリヒコが実権を握っていた、ということであろう。

とすれば、魏志に言う「（ヒミコに）男弟あり、佐《たす》けて国を治める」とあるのは、まさにこの崇神天皇（即位前のミマキイリヒコ）のことではないだろうか。

正しくは弟ではなく、甥だったことになる。

倭迹々日百襲姫の死後、一時的には父・開化天皇が即位したが、すぐに退位に追い込まれたのを見て、早くても二六六年まで彼は即位を避け、その後全ての懸案、主に「四道将軍」遠征によるまつろわぬ者たちを平定させたうえで、ついに正式に安定政権として十代崇神天皇として即位したのではないだろうか。

事実、この前提で倭迹々日百襲姫命や台与たちの統治期間（摂政期間。ヒミコは晩年のみ）を崇神天皇記に当てはめると、齟齬なく年表が成立するのである。

以上を年表にしてみよう。

史上初・全ての齟齬がなくなった年表が完成した

一七〇頃　第八代孝元天皇、生まれる。幼くして即位（雄略天皇から二十五年ずつ遡った推定値）。

この天皇の崩御による皇位継承戦争が二一〇年頃の「倭国大乱」の原因である。

魏志に「もとは男子を以て王と為し、七、八十年（二倍年暦で三十五〜四十年）」とあることから、幼少時即位したと考えられる。

二〇七前後　倭迹々姫皇女、生まれる。

これ以前、孝霊天皇の時代に、皇子吉備津彦は西国を統治していた（ヒミコ＝迹々姫＝祖父・孝霊に養女に入った倭迹々日百襲姫とした）。

水主神社の伝承「（二一〇年の戦乱を避けて）七歳（二倍年暦なので四歳）で疎開した」ことから算出した。

ただし、この「七歳」が二倍年暦でなければ、ヒミコの生年は二〇三年頃となるだろう。

二一〇頃　孝元天皇崩御によって、皇位継承をめぐる戦乱が発生（これが魏の記録した倭国の大乱）。

原因は、おそらく孝元が若くして崩じ、皇子らはまだ幼く、皇位継承の空隙《くうげき》が生じたためだろう。事態が収拾されず、無政府状態に。

（遣魏使〈二三八年〉から二十七～三十年さかのぼった年とした）

ここから二二〇年頃の迹々姫の斎王就任までの状況を、魏志は「相攻伐すること歴年」と表現したのだろう。

その後、すでに「四道将軍遠征」の一環で派遣されていた稚武彦、讃岐で迹々姫（兄妹。実際には伯父と姪）が面会（水主神社）。この時ヤマトの摂政・斎王となる旨の辞令を受け取ったか。

※なお、倭国大乱の時期についてはやや後世の史書である梁書ではなく、後漢書にある「桓帝霊帝の間（一四六〜一八九）」に限定した場合、二倍年暦で再計算すると一九三〜二一四年頃と幅が広がることになるが、ここではあくまで梁書の年期が正しく絞られていると仮定して算出した。

二二〇頃

ヤマト国、事態の収拾のため、皇位を当面空位とすることに。迹々姫皇女、讃岐から戻り、ヤマト国摂政として斎王に就任。

これにより、皇位継承問題は棚上げされ、空位のまま休戦状態になったため、政府が安定した。

迹々姫皇女が選ばれたのは、もちろん皇女であることに加え、讃岐で農業、水路、文化興隆にずば抜けた知恵と指導力を発揮したことや、神の声を聴くことができるという、その不思議な能力を評価されたためであろう。
〈水主神社〉〈魏志〉を合わせ、生年を二〇七年として、成年後〈十三～十四歳とした〉大和へ帰還したという伝承から推定）

二二〇前後　ミマキイリヒコ（後の崇神天皇）、生まれる（雄略天皇から二十五年ずつ遡った推定値）。

二三八　迹々姫皇女（ヒミコ）、魏に遣使。使節に難升米、副使は都市牛利（魏志）。

（または二三九）魏側は「斎王」という地位が理解できず、迹々姫皇女をヤマトの「女王」だと考えた。

難升米らも、目的を達成するため、ヤマト側が実は空位であることは正しく伝えなかったと考えられる。君主不在だなどと言えば、メンツを重んじる魏が交渉を受け入れなくなるからである。

その目的は狗奴国の牽制だろう。この狗奴国については次章に譲るが、皇位継承をめぐる大乱の原因となった敵対者である。

二四二頃　台与（崇神の娘、豊鍬入姫命）生まれる（二四八年頃に七歳として逆算）。
この後、最高権力者（開化）の嫡男、ミマキ（崇神）が朝廷の実権を握る？

二四七　迹々姫皇女、再度魏に遣使。狗奴国《くなこく》との対立が激化（魏志）。
この頃？「四道将軍」のうち、残りの遠征か。

大和に疫病流行。迹々姫皇女、大神神社を作らせる。

二四八頃　迹々姫皇女薨去（不審死か）、「男王」即位（魏志からの推定）。

即位したのは、ヒミコの実の兄で、崇神の父、後に開化天皇と呼ばれる人物だろう。

しかし、開化帝は戦乱激化によりほどなくして退位、崇神の娘・十三歳台与（現在の暦で七歳か）、摂政として君臨。再び空位時代となる。

ただし、おそらく父のミマキイリビコ（崇神）が政務の実権を握っていただろう。

この前後、武埴安彦軍が鎮圧される（日本書紀）。

二五〇頃　「箸墓」、築造され、迹々姫皇女埋葬される（炭素放射線測定）。
ミマキイリヒコ「今は反《そむ》いていた者たち（武埴安彦の反乱のこと）はことごとく服した。畿内《うちつくに》には何もない。だが畿外の暴れ者たちが騒ぎを止めない。四道将軍たちは今すぐ出発せよ」と命ずる（日本書紀）。

二六六　豊鍬入姫命（台与）、晋に遣使（晋起居注〈日本書紀の引用〉）。
この後、全国平定を見届け、ミマキイリヒコ、即位か（崇神天皇）。

これでついに、記紀と旧事記など日本の古典や神社の社伝、それに魏志等の中国の記録すべてがほぼ整合する年表が出来上がったことになる。

第三章　狗奴国の卑弥弓呼とは誰か

魏志の転写ミス

ここまでのおさらいを見ておこう。

・ヒミコとは、斎王で皇女（ヒメミコ）である倭迹迹日百襲姫《やまとととひももそひめ》の事であった。

・彼女は、七代孝霊天皇皇女とされているが、実際には八代孝元天皇の皇女倭迹々姫《やまとととひめ》と同一人物であり、何らかの理由で孝霊天皇の養女となった。

・倭迹々日百襲姫は幼年期に皇位継承問題で二一〇年前後に起きた「倭国大乱」から逃れるため、七歳（おそらく二倍年暦につき、今の暦で四歳）の時にヤマトを離れて讃岐に疎開していた。

魏が倭国大乱の時期を霊帝光和年間である一七八～一八四年としたのは、二三八年に遣使にやってきたヤマトの使節から、大乱の時期を二倍年暦で「六十年ほど前だ」と説明されたからである。

同じように、「ヒメミコさまの年齢は六十代～七十歳くらい」などと説明を受けた結果、「年既に長大」だと思い込んだ。

・その後おそらく「四道将軍」である兄の吉備津彦と共に西国に遠征していた叔父である（表向きは兄弟）稚武彦と面会し、大乱を収拾するためヤマトの摂政となるよう要請を受けた可能性がある。
皇位継承問題を棚上げし、空位とした結果、聡明で神の声を聴くことができるというヒミコ（倭迹々日百襲姫）を置いて、事態を収めることができる人物はいなかったからであろう。

彼女は十三～十四歳頃、つまり二二〇年頃にヤマトの摂政となった。

・倭迹々日百襲姫の生年は二〇七年頃、没年は二四八年頃である。

・台与《トヨ》は崇神天皇《すじんてんのう》の皇女、豊鍬入姫《とよすきいりひめ》のことであり、その生年は二四二年くらい。
彼女の摂政就任もまた、皇位継承問題を棚上げするためであった。

・「記紀」には、ヒミコ晩年と台与の時代の事は、崇神天皇の御代のこととして記録された。
三輪山神話による倭迹々日百襲姫死亡の記事は、ヒミコの死を表している。

・従って彼女たちが摂政だったこの時期、崇神天皇はまだ天皇ではないし、少なくとも台与が最後に晋に朝貢する二六六年までは即位していないと考えられる。

これが「魏志をはじめとする中国の古典」「記紀とその他の日本の古典」「神社伝承」「箸墓の建造推定年」などすべての資料及び調査に齟齬をきたさない、おそらく唯一の結論だろうと思う。

ここでは邪馬台国とヒミコに敵対していたという、「狗奴国」の「卑弥弓呼」の特定を試みたい。

魏志から

（邪馬台国の境界の尽きるところから）その南に狗奴国あり、男子を王と為す。

その官に狗古智卑狗あり。女王に属せず。

（邪馬台国の習俗を記載した上で、件の「其の国本また男子を以て王となし」と邪馬台国と卑弥呼の紹介となったあと）

其の八年（正始八年、二四七年）、王頎《おうき》（魏の使者）、官（帯方郡か）に至る。倭の女王卑弥呼、狗奴国の男王卑弥弓呼と素より和せず。倭の載《さ》斯《し》烏越《おえつ?》等を遣わして郡に詣り、相攻撃する状を説く。塞曹掾史《さいそうえんし》張政《ちょうせい》等（魏の属官）を遣わし、因って詔書・黄幢《こうどう》を齎《もたら》し、難升米に拝仮せしめ、檄を作りてこれを告諭す。

卑弥呼以て死す。大いに冢を作る。径百余歩　徇葬する者、奴婢百余人。

さらに男王を立てしも国中服せず、こもごも相誅殺し、当時千余人を殺す。

また卑弥呼の宗女壱與年十三なるを立てて王となし、国中遂に定まる。

このうち、壱與《いよ》は臺與《とよ》（台与）の間違いであろうことはすでに述べた。

また、狗奴国の官である人物は魏志では「狗古智卑狗」とあり、「ココチヒコ」などと読め、これが混乱の原因にもなった。

しかし、逸文しか残っていないが、魏志よりやや古い系譜を持つ魏略には拘右智卑狗、とある。〝狗古智卑狗〟が正しく原典の書体を写しているとして、それを「わざわざ」拘右智卑狗と書き間違える可能性はほとんどないと思う。

元々同じ文字をわざわざ別文字として過《あやま》つ可能性は低いからである。

逆に拘右智卑狗の「拘」「狗」を混同して間違う可能性なら十分あり得る。

魏志は古代日本の情報を最も多く伝える古典ではあるが、転写ミスがやたら多い書物である。

また、同じ魏志の中で、邪馬台国の北限は「狗邪韓国」とあるのだが、魏略では「拘邪韓国」であり、やはり同じ文字で違いがみられる。

「卑狗」は明らかにヒコ（彦）と読むのが正しいだろうから、「魏志」の狗邪韓国はコヤ韓国などと読むことになる。

一方魏略では拘邪韓国で、この「拘」を「か」と読めば、「カヤ韓国」となり、古代日本が半島に領有していたという「伽耶」と一致する。

とすれば、「拘右智卑狗」の「拘」「狗」は、発音が違うためわざわざ別の文字を用いたと考えて差し支えない。

以上から、魏略の表記に軍配が上がると判断でき、「拘右智卑狗《かうちひこ》」と読むのが正しい、と見るのが最も合理的な考え方であろう。

ヒコミコとヒメミコ

第一章で述べたように、第一回倭国大乱（二一〇年頃起き、戦乱解決策として、ヒミコが摂政として就任することになった）も、第二回の戦争（二四八年頃、台与が摂政になる原因となった事件）も、その原因は全く同じく皇位継承問題であった。

このことは、言うまでもなくその敵対する勢力にも皇位継承権を持つ皇族男子がいたことを示している。

そして、狗奴国の男王「卑弥弓呼《ヒミココ》」は、この名も古くから「卑弓弥呼」、つまりヒコミコの間違いではないかという説はあった。

蘇我蝦夷《そがのえみし》は自分の子女に「ミコ」を付け、天皇として振る舞っていたことが滅ぼされた原因の一つだと「日本書紀」に書いているから、「ミコ」はそれほど重く高貴な敬称だったことになるだろう。

ミコとは皇族にだけ許された高貴な称号であり、そのうち男子を「（皇子・男王）ヒコミコ」、女子を「（皇女・女王）ヒメミコ」と呼びならわしていた（皇子・皇女とある場合は、特に天皇の子女に限定されるが、読みは皇子・男王いずれも「ヒコミコ」、皇女・女王いずれも「ヒメミコ」である）。

元々卑弥弓呼は卑弥呼とほとんど同じ文字だから、魏の連中にはほとんど同じ発音に聞こえた、ということであろう。明らかに卑弥弓呼と卑弥呼は対を成している。

卑弥呼が「ヒメミコ」のことだとすれば、卑弥弓呼は卑弓弥呼で、「ヒコミコ」の可能性はかなり高い。

ここからも狗奴国のヒコミコは皇族男子であったということが言えるのではないか、と思う。

現代でも、天皇の名を実名で呼べば失礼だという感覚は日本人に普遍的にある。日本では、近世まで本名のことを「諱（忌み名）」と呼んでいたくらいだ。

中世でも、人々は天皇の名を呼ばず「お上」「内裏《だいり》」「ミカド」などと呼んでいたという。

当然、古代も皇后や皇子、皇女などを実名では読んでいなかった。「ミコさま」「ヒメミコさま」「ワカンドオリさま」といった具合だった。

だから、難升米らも「女王の名は何と言うのか」「敵対する王の名は？」と聞かれ、普段呼んでいるまま「ヒメミコさまとヒコミコさまだ」と応じたに違いない。

とすれば、ヒコミコの名はかなり高い確率で「記紀」に記録されているはずだ。

魏志を見てもヒミコ以前、第一回の「倭国大乱」の原因が狗奴国との紛争かどうかわからない。倭国大乱の理由自体は書かれていない。

しかし、この倭国大乱が、彼らとの紛争であった可能性はかなり高い。

狗奴国の卑弥弓呼の名も一回目の「倭国大乱」には出てはこない。

狗奴国は女王(ヒミコ)に属さず、男王がおり、官は拘右智卑狗とだけ書いているのみである。二回目に「卑弥呼は狗奴国の卑弥弓呼と素より和せず」と初めて卑弥弓呼の名があり、ヒミコは魏に使者を派遣して戦況報告を伝え、魏は戦闘停止を告諭したところ、すでに（或いはその直後）、ヒミコは亡くなったという。

私は当初、皇位継承問題が原因と考えられる「倭国大乱」と「元より仲の悪い狗奴国」との争いを完全に別次元のこととして分けて考えていたが、二一〇年頃起きた第一回の倭国大乱が皇位継承問題によって引き起こされ、「卑弥弓呼」が皇位継承権を持つ天皇の皇子であるのであれば、やはり倭国大乱自体が皇位継承権を持つ狗奴国の男王の即位要求が原因で起きたことではないか、と考えるようになった。

第一章を繰り返すが、当時皇統は皇族男子によってのみ継承できる、という不文律は確立されていたからである。

そしてその判断は極めて合理的であり、大筋において正しいと確信している。

日本書紀と魏志は「同じこと」を記録していた

孝元天皇はおそらく一七〇年頃の生まれだろうから、戦乱が起きた二一〇年頃、若くして天皇は崩御し、残されたまだ幼い男子の誰が皇位を継ぐのかが問題になった。

おそらく孝元天皇は継承者を指名するいとまもないほどの急死だったのかもしれない。

周知のように、当時の皇位継承は、先帝の男子であることが大前提で、先帝の兄弟やいとこなどに皇位継承が廻るチャンスはほぼなかった。

史上初めて親子継承でなくなるのは四世紀に活躍した十四代仲哀天皇の時である。

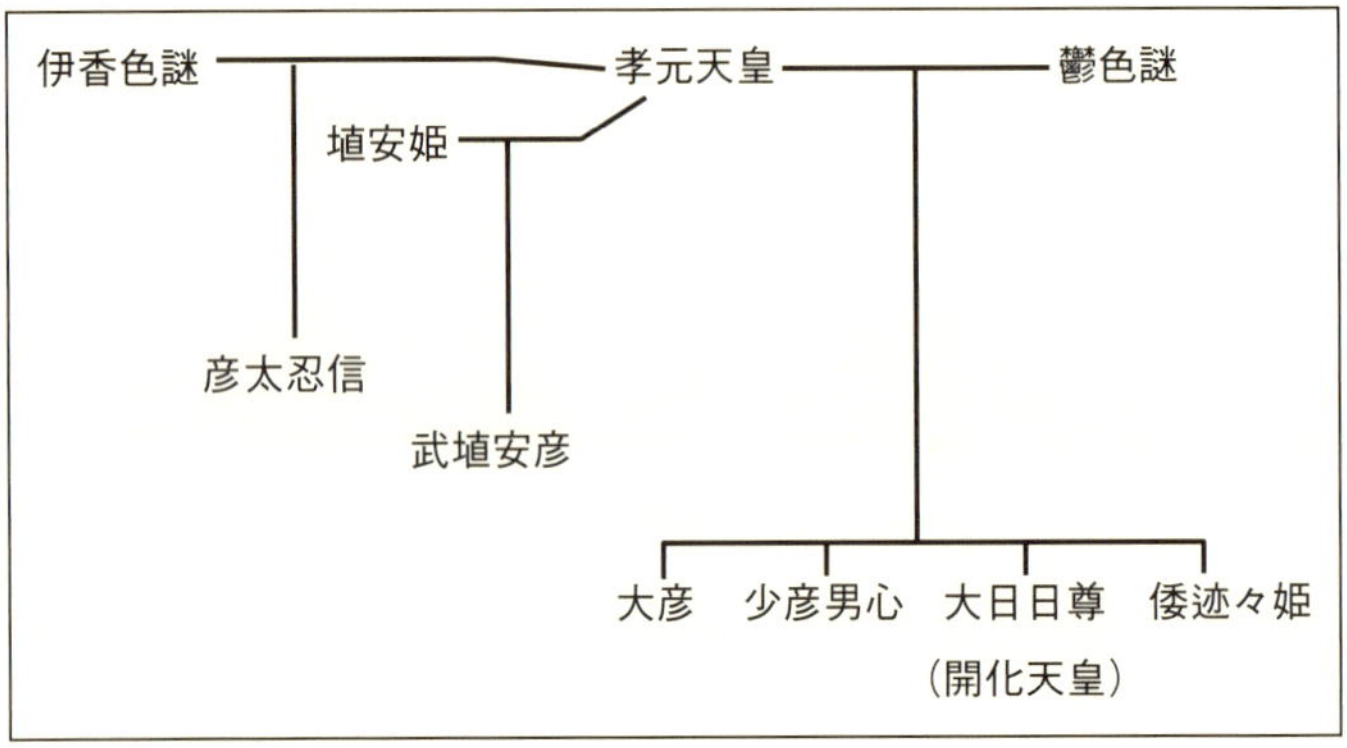

※古事記には倭迹々姫の名がなく、日本書紀と旧事記には倭迹々姫の存在を明記
また、少彦男心は「一に云はく」いたかもしれない、とあり、実在の真偽が不明

だから、孝元天皇の皇子である、

大彦《おおひこ》
少彦男心《すくなひこおこころ》
大日日尊《おおひひのみこと》（後の開化天皇）
彦太忍信《ひこふとおしのまこと》
武埴安彦《たけはにやすひこ》

の五名のうち、誰が皇位を継ぐかで戦争になった。
それが倭国大乱の主因に違いない。

このうち、皇位を継いだ大日日尊はもちろんのこと、四道将軍のひとり大彦は、日本書紀を見る限り極めて朝廷に忠実な将軍であり、戦乱の原因者になり得ない。また、少彦男心は記録が一切ないからわからないが、ここでは除外とせざるを得ない（実在しないか、あるいは夭折した？）。彦太忍信は古代の名宰相武内宿禰の祖父に当たる人物とされ、紀氏や蘇我氏の先祖ともされている。

もし彦太忍信が戦乱を引き起こしたのならば、その子孫が史実のように中央に登用され、進出できるはずがない。

また、鬱色謎《うつしこめ》と伊香色謎《いかがしこめ》は叔母と姪の関係であり、近しい間柄だった。見るからに埴安姫《はにやすひめ》の一族だけ浮き上がりそうな人間関係である。夫である孝元天皇が生きている間は鬱色謎も伊香色謎も赤の他人である埴安姫との微妙なバランスは成立していたが、孝元天皇の死によってそれが崩れ、埴安姫の一族と一気に険悪になったのかもしれない。

このように見れば、結局武埴安彦以外に戦乱を起こす動機がありそうな人物はいないのだ。

事実第二章で説明したように、日本書紀によれば武埴安彦の妻である吾田媛《あたひめ》がこっそりと天香久山の土を取って領巾《ひれ》に包み、「これは倭国《やまと》の物実《ものしろ》」と言って国家を乗っ取る呪術をかけた、という。これこそ「狗奴国の王・卑弥弓呼」が皇位をもくろむ孝元天皇の皇子、武埴安彦その人であった説を補強する記録だろう。

そして「倭国大乱」の実態が、当時すでに樹立されていた「天皇家内部の皇位継承戦争」であることの証左でもあろう。

「魏志」と「日本書紀」は〝ちゃんと同じことを記録していた〟のである。

そして日本書紀で武埴安彦の祖父（母の埴安姫の父）が河内青玉繁《かわちのあおたまかけ》なる人物とある以上、「狗奴国の官・拘右智卑狗《かうちひこ》」の正体は、この人物またはその一族のこととみてよいだろう。

河内青玉繁にしてみれば、自分の一族の主君がヤマトの帝王になる千載一遇の大チャンスである。

これを逃せば、今度はいつ一族に皇子ができるチャンスが回って来るかわからない。

ヤマトの天皇になるには、一族から妃を輩出し、男子を儲けなければならないのだから。

河内青玉繁には彼らなりに、孫である埴安彦を帝位につけねば、どうにもならない何らかのやむにやまれぬ要因があったのかも知れないが、とにかくそういうことであった。

こう見ると、倭迹々日百襲姫を祖父の孝霊天皇の養女にした背景には、ヒコミコつまり武埴安彦側（河内青玉繁軍）を懐柔させなければならない事情があったと推測できると思う。

大乱時に皇位継承の最有力候補（皇太子）であったのは、母が后（正室）である鬱色謎命の子、大日日尊（後の九代開化天皇）であり、彼は百襲姫と同母だったのである。

武埴安彦の母は妃（側室）である埴安姫であり、彼ら河内氏からすれば「母親が鬱色謎命である倭迹々日百襲姫が摂政になれば、次に大日日尊が皇位を継承する口実にされる」と思わせたのだろう。

それで当時の政府が姫を摂政にするのに先立ち、中立的な立場にするためやむなく祖父・孝霊天皇の娘だという事にしたのだろうと思う。


ところで、「ヒコミコ」「ヒメミコ」に関しては、もう少し掘り下げておきたい。

本居宣長の「古事記伝」などによれば、上古の日本では、皇族は一世二世などは区別はせず皆「王《みこ》」と呼ばれていたとされ、これが定説といえよう。

ここまで述べてきたように、斎王は奈良時代まで一貫して皇女（天皇の娘）が就任している以上、ヒミコは必ず皇女だったといえよう。

また、四世紀の人物とみられる十四代仲哀天皇が登場するまでは、皇位継承者は一貫して皇子《みこ》（天皇の息子）であった以上、皇位継承に名乗りを上げた卑弥弓呼《ひみここ》に関しても、彼は必ず皇子だったと言っていいだろう。

しかし筆者はそもそも三世紀前半より以前は、天皇の子である皇子、皇女だけが「ヒコミコ」「ヒメミコ」と呼ばれていた可能性が高いと考えている。

ここまで述べてきたように、崇神天皇以前、すでに今につながる皇統は確立されていたと思うが、常に戦乱に明け暮れていたために、朝廷が大量の皇族を抱え込む余裕などなかっただろう。

特に皇位継承権を持つ皇族男子を表す「ヒコミコ」が増えることは、戦乱の要因となりうる種を自ら撒くに等しい行為であったろう。

そのためであろう、事実、上古（八代孝元天皇以前）の皇族は、皇子・皇女のみ「男王《ひこみこ》」「女王《ひめみこ》」と表記されるが、その子供、つまり天皇の二親等以遠の子孫に関しては、ひとりも「王《みこ》」で書かれた者はおらず、記紀を見ても、「王《みこ》」はひとりも確認できなかった（なお、男《ひこ》王女王《みこひめみこ》の用例としては『この天皇《すめらみこと》の御子等《みこら》、併せて八柱《やはしら》ぞ　男王五柱《ひこみこいつはしら》、女王三柱《ひめみこみはしら》』古事記、孝霊天皇記など）。

そして例えば稚武彦（七代孝霊天皇の子）は吉備臣の祖、大彦（八代孝元天皇の子）は阿倍臣ほか七族の祖などと書かれているのみなのだ。

彼らが臣籍降下するまでの間、皇族の諸家である宮家、つまり王《みこ》として存在した記録など一切ない。

ところが、九代開化天皇の子で崇神天皇の異母兄にあたる比子由須美王《ひこゆすみのみこ》（日本書紀では彦湯産隅命《ひこゆむすみのみこと》）や異母弟にあたる日子坐王《ひこいますのみこ》（日本書紀では彦坐王）はその名に「王《みこ》」を冠しているのである（なお、命《みこと》と王《みこ》は発音は似ているが、それぞれの語源は御言と御子とされ、別物である）。

彼ら自身は皇子なのだから「ヒコミコ」でいいのであるが、それまで名前に「王《みこ》」が付いた人物は登場しない。

さらに古事記によれば、彦湯産隅命は二人、彦坐王は十二名もの男子を儲けているのだが、驚くべきことにその名のことごとくに皇族を表す「王《みこ》」がついており、さらにその子供（つまり天皇のひ孫）にも皆「王《みこ》」がついているのである（例・彦坐王の子、丹波比古多多須美知能宇斯王《たにはのひこたたすみちのうしのみこ》〈丹波道主命〉、その子、朝廷別王《みかどわけのみこ》）。

彼らはその後多く出てくる「その名に『王《みこ》』を冠する皇族」の先駆けであることは間違いがなさそうである。

定説では「王《みこ》」は皇族全体を表す敬称であるはずなのに、この二人以前には皇子・皇女以外に該当する人物はひとりも記録されておらず、この二人の子や孫になったとたん突如多くの「王《みこ》」が登場するのはまことに不自然と言わねばならない。

あくまで推理であるが、これは崇神天皇が、その兄弟に対し皇族であることを示す「王《みこ》」を名乗ることを許可したことを物語っているのではないか（なお、皇女以外の女王《ひめみこ》に関しては彦坐王の子、丹波比古多多須美知能宇斯王《たにはのひこたたすみちのうしのみこ》の娘の兄比賣《えひめ》、弟比賣《おとひめ》のふたりを『二女王《ふたはしらのひめみこ》』と記録されているのが初見〈古事記　垂仁天皇条〉）。

言い換えればそれ以前、天皇の孫は「王《みこ》、男王《ひこみこ》、女王《ひめみこ》」を名乗ることはできなかったのではないか。つまり、当時は天皇家、つまり天皇の后妃《こうひ》とその子供だけが今でいう皇族（皇親）と認識されていたのではないだろうか。

この少し前、即位前の崇神天皇（ミマキイリヒコ）は百襲姫らとともに狗奴国の卑弥弓呼、つまり武埴安彦率いる河内一族と戦わねばならぬ羽目に陥っており、このことが「王《みこ》」つまり皇族の適用範囲を広げることになった原因ではないのか。

これは今でいう「宮家」設置の始まりだったと考えられる。

当時は天皇の息子のみに「男王《ひこみこ》」の称号（つまり事実上皇族の証）が許されていたため、このあまりにも厳格すぎるルールが結果的に武埴安彦と河内一族の心理に、皇統から切り離されてしまうという焦燥感を呼び起させ、ついには軍事行動に踏み切らせたのだと反省されるに至ったのではないか。

孫やひ孫も「王《みこ》」を名乗れるのであれば、皇族として存続でき、彼を擁する一族は特別な権威と権力を保持できる。

武埴安彦反乱事件の轍を踏まないための策として、以降はおそらく天皇五世子孫までは「王《みこ》、男王《ひこみこ》、女王《ひめみこ》」の称号が認められるようになったのだと思う。

このように書くと、「当時は皇統が確立されておらず、崇神天皇こそが実は初代天皇だったがゆえに、その兄弟の代から突然「王《みこ》」が誕生したように見えるだけではないのか」という反論もありそうである。

しかしながら、第一章で述べたように、ヒミコこと八代孝元天皇の娘で、七代孝霊天皇の養女になった百襲姫は、そもそも同母兄である大日日尊《おおひひのみこと》（九代開化天皇）と、異母兄であった武埴安彦との間の皇位継承戦争を棚上げするため摂政に就任したのである。

したがってどんなに遅くても、孝霊天皇や孝元天皇の代に皇統そのものは確立されていなければ、同族間による皇位継承戦争は起こりようがない。

しかも百襲姫が摂政に就任することによって戦乱が収まったのだから、この皇統自体は広く世間に認められていたわけだ。

それは崇神天皇が即位するよりおそらく五十年ほど前のことだったであろう。

したがって、七代孝霊天皇の皇子である吉備津彦や稚武彦、八代孝元天皇の皇子である大彦や彦太忍信の子や孫に「王《みこ》」は一切おらず、崇神天皇の兄弟の末裔に突然多くの「王《みこ》」が登場するのは、やはり崇神以前、「皇統」は確立されていたが、戦乱に明け暮れていたためにに安定的な朝廷運営がままならなかった、としなければならない。

しかし崇神天皇の御代に至って政権が安定し、また先に述べた武埴安彦反乱事件の反省もあり、紛争になりやすい状況を生じにくくする目的で、初めて天皇の孫やひ孫にも「王《みこ》」が適用された、とみるのが正しいと思う。

第一章で私はヒミコの正体を、皇女であるヒメミコのことを示しており、使節である難升米らが普段使っているままの呼称を伝えたのだろうと述べた。

そして台与については口を濁したが、この時彼女の父親である崇神天皇はまだ即位しておらず、古代の斎王としては例外的に天皇の孫娘に過ぎなかった台与を「ヒメミコ」とは呼んでいなかったのだろう。

しかし当時の慣習としてそのフルネームを明言することも憚れたため、本名の一部である「トヨ」と表現したのではないかと思う。

倭国大乱の真実とは

「倭国大乱」の実情（ヒミコ＝倭迹々日百襲姫の死の前後、二四八年前後に起きた二度目の大乱）は、以下のようなものであった。

（第二章で童女の歌を知った倭迹々日百襲姫が「それは武埴安彦謀反のしるしである」と予知したのち）

……幾時もせぬ中に、武埴安彦と妻の吾田媛が、軍を率いてやってきた。

それぞれ道を分けて、夫は山城より、妻は大坂からともに都（大和）を襲おうとした。

その時天皇は彦五十狭芹彦命《ひこいさせりひこのみこと》（吉備津彦命）を遣わして、吾田媛の軍を討った。大坂で迎えて大いに破った。

吾田媛を殺してその軍卒をことごとく斬った。

また、大彦と和珥氏の先祖、彦国葺《ひこくにふく》を遣わして山城に向かわせ、埴安彦を討った。

その時、忌瓮《いわいべ》（神祭りに用いる瓮）を和珥《わに》の武鐰《たけすき》坂上の上に据えて、精兵を率いて奈良山に登って戦った。

その時官軍が多数集まって草木を踏み鳴らした。

それでその山を名付けて奈良山と呼んだ。

輪韓河《わからがわ》に至り、武埴安彦と河を挟んで陣取り挑みあった。

それで時の人は改めて、その河を挑み河と呼んだ。

今、泉川（現木津川）というのはなまったものである。

武埴安彦は彦国葺《ひこくにふく》に問うて、「なんのためにお前は軍を率いてやってきたのだ」と。これに彦国葺は「お前は天に逆らって無道である。王室を傾けようとしている。だから、義兵を挙げてお前を討つのだ。これは天皇の命だ」と答えた。

それでそれぞれ先に射る事を争った。

武埴安彦がまず彦国葺を射たが当たらなかった。

ついで彦国葺が武埴安彦を射た。胸に当たって殺された。

——日本書紀　崇神天皇記

武埴安彦は倭迹々姫（倭迹々日百襲姫）の実兄弟だから、大体二〇〇年頃の生まれで、二一〇年頃の第一回の大乱時はまだ年端のいかぬ少年だったろう。

日本書紀によれば、彼は「河内青玉繋《かわちのあおたまかけ》の娘、埴安姫」の息子として河内で育てられたらしい。

というのは古代、ヒコミコ（天皇の子）は御所で育てられず、養育する豪族の下で育てら
ていたからである。

例えば大海人皇子《おおあまのみこ》は「凡海部《おおしあま》氏」、草壁皇子は「日下部《くさかべ》氏」といった具体だ。

だから、ややもすれば育ての親である豪族びいきの皇子ヒコミコになった。

武埴安彦もまた、河内氏の影響を強く受け、河内氏は彼が皇位継承できるよう、様々な工作をしていただろう。

武埴安彦破斬旧跡
（京都府精華町）

第一回目の「倭国大乱」の背景にはこのような事情があったに違いない。

また、前半の記述に卑弥呼は登場せず、拘右智卑狗だけが出てくるのも、一回目の大乱時は、まだ武埴安彦は幼少で、彼自身は表に出てこなかったからだろう。

武埴安彦軍（西）側から木津川（古名　輪韓河）をはさんで対岸を見る

それは孝元天皇崩御直後に勃発したものであり、「記紀」等の日本の記録には残ってはいない。

二回目の「大乱」つまりヒミコ（倭迹々日百襲姫）の死後、二四八年頃の戦乱では、武埴安彦はおそらく四十代半ばくらいで、彼自身が先陣に立ったことは日本書紀の記述通りである。

だから「魏志」も二回目の戦争の記述には「卑弥弓呼」を登場させた、ということなのだろう。

京都府精華町祝園《ほうその》神社はその二回目の戦争で武埴安彦が切られた場所あたりの神社で、その怨霊が祟るため、これを慰めることを目的に奈良時代あるいはそれ以前に創建されたと言い、南方に武埴安彦破斬旧跡碑もある。

武埴安彦は北の山背から、妻の吾田媛は西の大坂から攻め込んだという。

（「旧事記」に武埴安彦は「岡屋臣《おかのやのおみ》等の祖」とある。

この岡屋は京都府宇治市五ヶ庄《ごかしょう》にある地名〈南山背の一部〉と考えられ、元々朝廷からこの辺りを与えられていたのだろう）

河内青玉繋は、その名から、大阪平野のどこかに拠点を持つ貴族だったろう。

以上から、卑弥弓呼《ひみここ》＝ヒコミコ＝武埴安彦《たけはにやすひこ》、拘右智卑狗《かうちひこ》＝河内青玉繋《かわちのあおたまかけ》の一族とみていいだろう。

祝園神社

ここまでわかれば、日本書紀や古事記が、なぜヒミコ＝倭迹々日百襲姫が日本の空位時に臨時の摂政として君臨していたことを記録しなかったかわかる。

もちろん、七〜八世紀には単にそういう記録が失われていただけ、という可能性もなくはないが、意図的に記録しなかった可能性もある、と思う。

日本書紀では、あくまで武埴安彦は武力で政権を奪取しようとした犯罪者として描いている。

「空位にすることで皇位継承問題を棚上げする」という史実を記載することは、三世紀の朝廷が、朝廷に敵対していた武埴安彦にも皇位継承権があることを認めていた、と書くことと同義である。

日本書紀自体が六七二年の壬申の乱後、まだ戦争の記憶が生々しかったであろう六八一年に編纂を開始しているのだ。

もちろん天智系皇族と、乱の時点で天智側（大友皇子側）についた貴族たちも朝廷に残存していた。

そんな状況で棚上げ問題を記載することは、天智系皇族にも皇位継承権があると受け取られかねない。

事実この数十年後、皇位は天智系に戻され、天智の孫である第四十九代光仁天皇が即位するのである。

兄弟同士での皇位継承戦争を扱うのは、編纂当時非常にデリケートな問題であり、うかつなことを記載することはためらわれたため、仕方なく倭迹々日百襲姫や豊鍬入姫の摂政時の歴史をすべて崇神天皇の御代のこととして記載したのではないだろうか。

以上が「倭国大乱」の本当の姿だったと思う。

河内青玉繁の一族は、第一回目の倭国大乱とヒミコ死後に起きた第二回目の戦乱、つまりおそらくは孝元天皇の崩御によって生じた皇位継承権争いにおいて、戦争をしてでもこれを勝ち取ろうとしたのだ。そして敗れ去った。

しかし、疑問は残る。そうなると、ヤマトの西に位置する大阪平野のあたりが「狗奴国《くな》」などと呼ばれていたのだろうか？

「魏志」「後漢書」は、それぞれ邪馬台国の「南」、「東」に「狗奴国」があるとしており、中国側の資料にも混乱が見られる。

狗奴国の正体

東大阪市加納《かのう》の宇波《うば》神社は祭神が埴安姫命（これはイザナギ・イザナミの間に生まれた諸神

の一柱のこと）だから、もしかするとこの辺りが河内青玉繋（拘右智卑狗）の拠点だったのかもしれない。この神社はどうした訳か、「熊野」と呼ばれていたという。熊野権現と関係があるのだろうか。やはり「熊野」は「狗奴」に通じる。

また、宇波神社の住所は今でも「加納」である。これもまた「狗奴《くな》」に通じる。

宇波神社のあたりは川に囲まれ、古代は港があったと言われている。

或いは正確には河内ではないが隣接している地として、生駒《いこま》も響きが近い。元は「原っぱ」を意味するコマと呼ばれていたともいい、駒（馬）を放牧していたとも。

ただ、これらは全体としては説得力に欠け、語呂合わせの域を出ない。

吾田媛は密かに天香久山の土を持ちかえり、政権転覆の呪詛を行っていたというから、そこから近いエリアと言えば羽曳野《はびきの》がある。

日本武尊が死後白鳥と化し、大和の琴弾原《ことびきはら》から河内の旧市邑《ふるいちむら》に飛来したという日本書紀の記述があるが、羽曳野市古市の白鳥神社の縁起によれば羽曳野の語源は、「さらに白鳥は舞い上がり、埴生《はにゅう》の丘を羽を曳くがごとく飛び立った」ことから羽曳野になったという。

羽を曳くがごとく、という部分がいかにも不自然で、後世の付会だと思われるが、ここで注目すべきは「埴生の丘」である。

埴生は「はにゅう」とも「はぶ」とも言われ、「羽生」も埴生と同じ語源だとされ、やはり「はにゅう」「はぶ」両方の読み方がある。

平安時代に上総国にあった埴生郡埴生郷など、「はにうぐんはぶのごう」と言ったらしい。上総国にも「埴生荘《はぶのしょう》」があり、今でも全国に数ヵ所、埴生（はにゅう、はぶ両方の読み方がある）地名が現存し、羽曳野にも、「埴生」と呼ばれる地名は現存している。

羽曳野の「はびきの」と「はぶ」は語源が同じではないのか。

元々埴生とは粘り気のある赤みがかった土のことで、要するに土器や埴輪の製作に適した粘土の事である。

この羽曳野市は、埴輪を作る家系であった土師《はじ》氏の本拠地である藤井寺市に隣接しており、土師氏一族の氏寺である「道明寺」などがある。

今日でも掘削すれば、古墳時代の粘土層に達するらしく、「軽里遺跡」では中世の粘土採

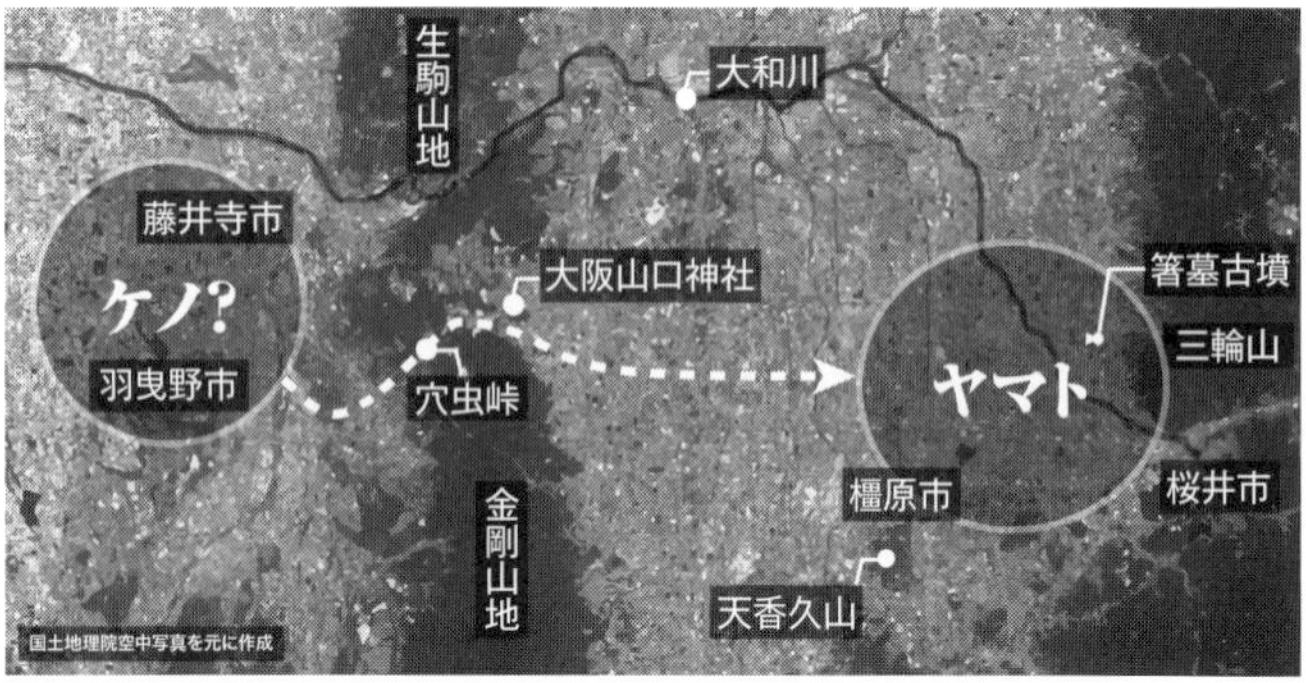

掘跡や古墳時代前期の土坑も確認されている（羽曳野市教育委員会）、という。

考えてみれば、「武埴安彦」といい母の「埴安媛」といい、明らかに「埴安の神」と関係が深い。埴安彦神、埴安媛神はイザナミ神の子で、土の神、陶器の神とされており、埴安媛の父「河内青玉繋」が埴安の神を祀る土器製作に長けた集団の長であったことは、ほぼ疑いがない。

武埴安彦の妻、吾田媛もまた、天香久山の土を採取して領《ひ》巾《れ》の頭に包んで祈り、「これは大和の物実《ものしろ》」と発言したというが、大和の神聖な埴生で作った土器を使って祈れば、大和の支配者、つまり天皇になれる、という一種の呪詛であった。

彼らは大和の土器製作を一手に担っていた豪族だったであろう。

埴安媛の名前、武埴安彦が河内方面から攻め込んだ事実に加え、羽曳野や藤井寺のあたりが良質の粘土が採掘できる場所であることなどを見れば、彼らの本拠地はまさにここにあったのではないだろうか。

崇神天皇は武埴安彦との戦い前、神託によって穴虫街道沿いに大阪の神を祀ったが（現在の大阪山口神社）、このあたりは山に囲まれ、ちょうど大和と羽曳野を最短距離で結ぶ穴虫峠があり、単に祭祀だけでなく、軍事上、安全保障上の重要な意義を持っていたのだろう。

土師氏は崇神天皇の後継である十一代垂仁天皇の折に、野見宿禰《のみのすくね》が埴輪制作に携わる一族として「土師（これも埴生と同じ意味）」の姓を与えられ、この地を下賜されているらしい。

ちょうど今の道明寺のあたりだ。

日本書紀によれば、垂仁天皇三十二年、埴輪を発明した野見宿禰に対し、

「この土物《はに》を号《なづ》けて埴輪と謂《い》ふ。または立物《たてもの》と名《い》ふ。
よりて令を下して曰はく、『今よりのち、陵墓に必ずこの土物を樹《た》てよ。
人をな傷《し》りそ（人間を損ねるな）』とのたまふ。
天皇、厚く野見宿禰の功を賞めたまひ、また鍛地《かたしところ》を賜ひ即ち土師職《はじのつかさ》に任《ま》けたまふ。因りて本姓を改めて土師臣と謂ふ」

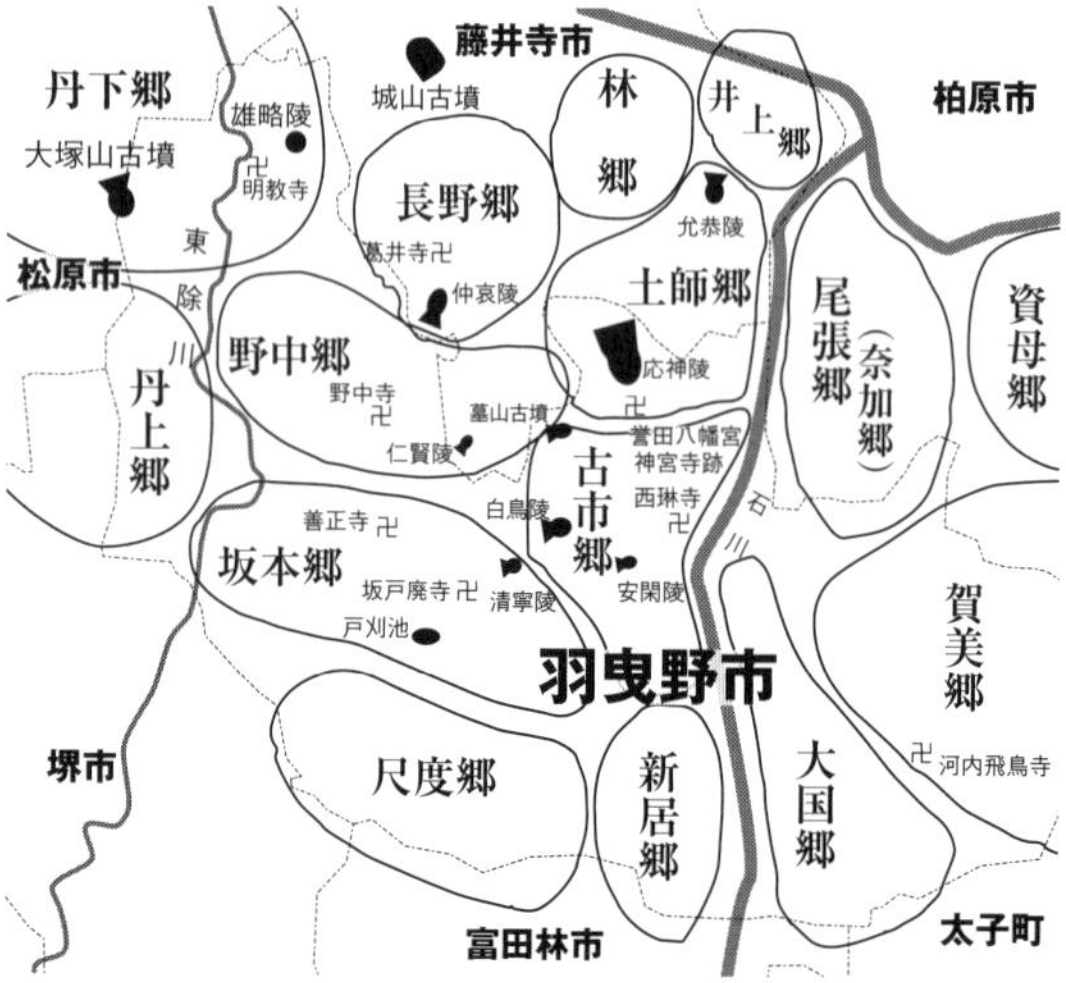

羽曳野市域の推定郷域概念図
『羽曳野市史　第一巻』本文編１を元に作成

とあり、「鍛地《かたしところ》」を新しく下賜され、土師臣と改めたとある。

この鍛地は不明だが、文脈から見て埴輪を作る土壌を持つ場所とみてよいだろう。とすれば上記の図にある現羽曳野市と藤井寺市にまたがる地域である「土師郷」周辺が有力だと思われる。

武埴安彦亡き後、この地はおそらく無主の土地となったため、新たに土器や埴輪を作る土師氏に与えられた、ということだろう。

この地が元々土師と呼ばれていたのではなく、土師職の本拠地となったために土師と呼ばれるようになったのだろうから、垂仁天皇以前は何か別の土地名を持っていたと思われる。

こうみると、やはりこのあたりが「狗奴国（後漢書では「拘奴国」）」だったとしか言いようがない。

そのような形跡はあるのだろうか。

谷川健一『列島縦断地名逍遥』（冨山房インターナショナル）によると、奄美大島にある地名「赤木名」の「木名（キナ）」は、古代日本の毛野（ケヌ）に始まると考えられている、という。

ケヌのケは「毛」であり、野原の意。ケヌがキナ、チナ、ケナの三類型になったとする。そして、キナはさらにキノ（キヌ）となり、キャまたはニャとなる。これらの地名を持つ土地は、もと焼畑耕作をしたところであると思われる。

……例えば長野、新潟、福島、山形の諸県や北関東ではひろく焼畑をカノハタまたはカノ、土地によってはカニョという、と「綜合日本民俗語彙」にある……という。

「毛野」は後に「上野」「下野」に分かれた国名で、今の栃木や群馬のあたりであるが、南河内であるこの地もまた、元はと言えば「毛野国」だったのではないか。

先述のように、羽曳野《はびきの》の「はび」と「埴生《はぶ》」は語源が同じで、羽曳野の地名はこれに別の用語「きの」がくっついて出来たのではないかと思う。

この二文字「キノ」については「毛野《けぬ》」のことだったとすれば、語源を正確に説明できる。「埴生の丘」と呼ばれていた土地がある（現存する）以上、元々「埴生」と「キノ（毛野）」は隣接した別の地名で、その名残が現在の「羽曳野」に残っているのではないか……この地が毛野と呼ばれていたという決定的な証拠はまだ見つからないが、十分あり得ると思うのだ。

狗奴国の「狗」は「卑狗（彦）」の狗《こ》と同じだから、そのまま「狗奴国《こなこく》」と読んだ場合はどうだろうか。

先述のとおり「旧事記」には武埴安彦が岡屋《おかのや》（宇治市五ケ庄《うじしごかしょう》）に住む岡屋臣の祖とある。そして日本書紀には最後の決戦（百襲姫が予知した二回目の倭国大乱）で、武埴安彦が山背（宇治のあたりだろう）からヤマトに攻め込んできたとある。

これは武埴安彦がヤマトに干渉されずに、宇治において領地を持つ戦国大名のように兵を募り、動員できるだけの力を持っていたことを示している。

山城国風土記（逸文）に次のような記載がある。

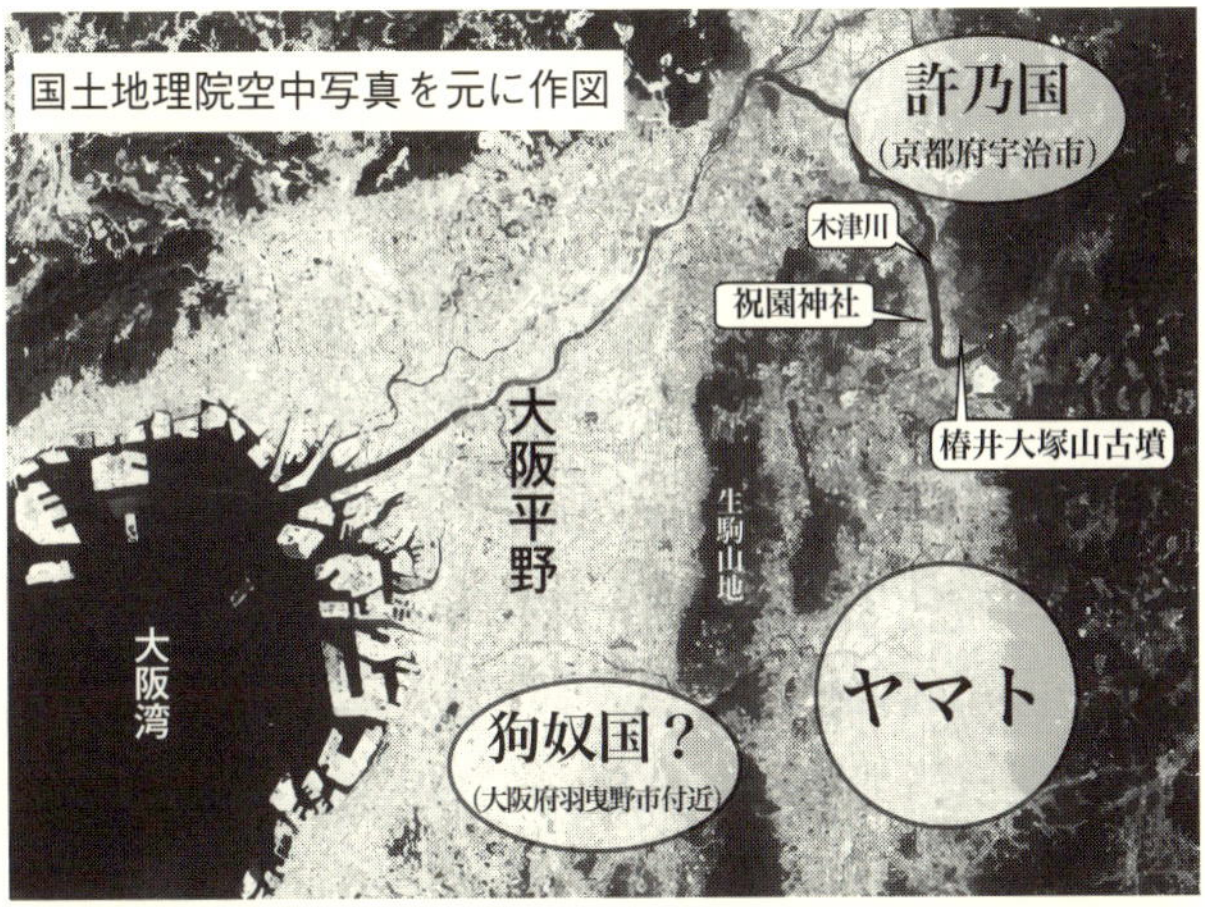

宇治と謂ふは、軽嶋《かるしま》の明《あきら》の宮に御宇《あめのしたをさめたま》ひし天皇《すめらみこと》の子《みこ》、宇治の若郎子《わきいらつこ》、桐原《きりはら》の日桁《ひげた》の宮を造りたまひ以《も》ちて宮室《おほみや》とせり。御名に因《よ》りて宇治と号《なづ》く。本名《もとつな》は許乃国《このくに》と曰ひき。

宇治というのは、軽嶋の明の宮で天下を治められた十五代応神天皇の皇子、宇治若郎子がここの桐原日桁に宮殿をおつくりになったため、その名を取って宇治と名付けたのである。それ以前は許乃国《このくに》と言っていた。

（藤浪本「詞林采葉抄」第一「宇治郡」条）

新編　日本古典文学全集　風土記（小学館）より

四世紀以前は今の宇治市の全域が許乃国《このくに》と呼ばれ

ていて、その名残は今も岡屋の北、宇治市北端付近の地名である木幡《こはた》（＝許乃国《このくに》の端）に残されていると考えられる。

この許乃国《このくに》が狗奴国《こなこく》と表記された可能性はあるだろう。

しかし、魏略によれば河内に拠点を持つ「拘右智卑狗《かうちひこ》」が「狗奴国」の官であると記述している以上、狗奴国とは南河内周辺のことを指していると考えるのが今のところ妥当だと思う。

「卑弥弓呼」の墓から「遣魏使」の目的を見る

椿井大塚山古墳出土鏡
『倭国　邪馬台国と大和王権』
（毎日新聞社）より

京都府木津川市の「椿井大塚山古墳《つばいおおつかやま》」はかなりの確率でその武埴安彦の墳墓だと思う。

この古墳は三世紀末頃築造されたと考えられ、全長は一七五ｍの前方後円墳で同時代、三輪山山麓の古墳を除けば突出した大きさである。

形状は前方部がバチ状で、箸墓ソックリだ。全体とし

椿井大塚山古墳の後円部頂上から北方を見た写真
前方部（写真左手）は国鉄工事により現存しない

て箸墓の⅔スケールで作られている。

　同時代の古墳はことごとく箸墓近辺にあるにもかかわらず、この椿井大塚山古墳のみが遠方のこの場所に作られたのである。

　三十三面以上の「三角縁神獣鏡《さんかくぶちしんじゅうきょう》」が出土、その中に「景初三年」の銘を持つものもある。

　また、中国製の後漢鏡、画文帯神獣鏡《かもんたいしんじゅうきょう》も出土し、素環頭大刀《そかんたいとうたち》、甲冑なども中国製の可能性がある。この他、剣、鉾、鏃《やじり》など大量の武器も出土した。このうち、画文帯神獣鏡は楽浪郡《らくろうぐん》の支配者だった公孫氏が関与している可能性を指摘する声もある。

　これだけの規模となると、やはり常識的に考えれば被葬者は天皇家の人物だろうと思う。

　反乱者と言えど武埴安彦は皇子であり、大和朝廷によって丁重に葬られたと考えられる。

同時代、この場所に葬られる候補としては、彼がもっとも可能性が高い。

また、木津川を挟んで祝園神社の東に位置していることからもそう考える。

祝園神社のあたりが武埴安彦最後の地だとしたら、この古墳のあたりは、武埴安彦が最後の戦いで矢を射あったという彦国葺が陣を取った場所だ。

出土物は、被葬者が大陸と通じていたことを示唆している。

彼らが独自の交易により帯方郡に行き、魏に遣使しようとしていた、或いはしていたらどうだったろう。

或いは武埴安彦側は無断で朝鮮半島にあったヤマトと大陸を結ぶ小国、「伽耶」を制圧しここを通じて大量の鉄器を朝鮮半島から入手していたとしたら、どうであろう。

大量の剣や矛、やじりはその可能性を示しているのではないか。


ここで「魏志」の韓伝を見てみよう。

馬韓伝　韓は帯方郡の南にある。東西は海を以て境界とし、南は倭と接する

辰韓伝　国は鉄が出て、韓、濊《わい》、倭は皆これを従って取っている
公孫康《こうそんこう》が帯方郡を成した後、倭と韓は遂に帯方郡に属した

弁韓伝　（弁辰の）瀆盧《とくら》（巨済島）は倭と境界を接している

ここに出てくる「倭」は、今の日本のことではなく、馬韓や弁韓などと陸上で国境を接する国のことだ。

先述したように、魏志の中でも倭人条（魏志倭人伝のこと）には倭国の北限は朝鮮半島にある「狗《か》（拘《か》）邪韓国《やかんこく》（伽耶）」だとしているから、ここに出てくる「倭」がこの伽耶付近にあったのか、あるいはこの「倭」が伽耶そのものということなのだろう。

この韓伝と倭人伝の記述から見る限りは、韓伝に出てくる「倭」は、倭人伝に出てくる「狗邪韓国」とは切り離された別国家だと考えるべきだと思う。

後世の宋書倭国伝でも「倭、百済、新羅、任那、加羅、秦韓、慕韓……」という表現をしており、ここに出てくる任那《みまな》を魏志韓伝にいう「倭」とみなせば、加羅（魏志倭人伝に言う「拘邪韓国《かやかんこく》」）とは別国家としての扱いとなっている。

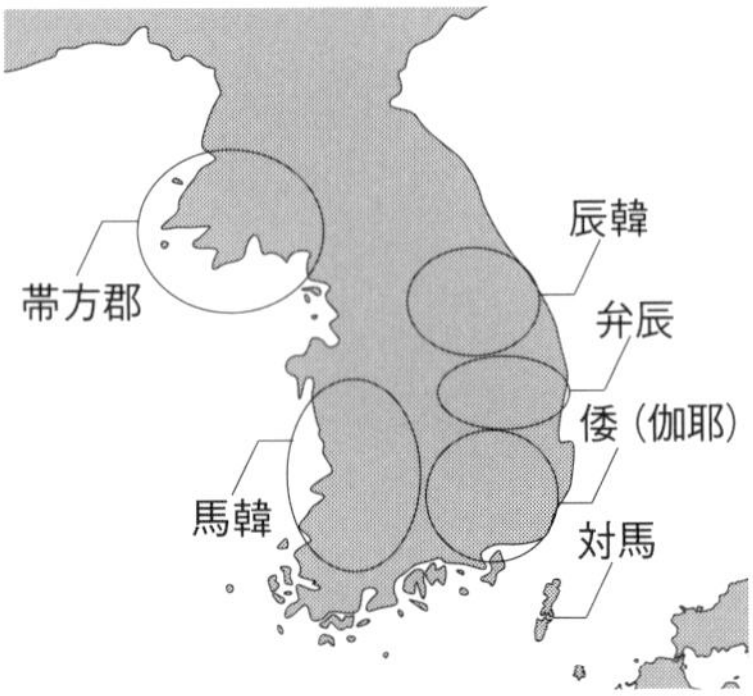

古代朝鮮のイメージ図

周知のように任那には古くから多くの日本人が進出していたと考えられるが、魏の時代は任那という言葉さえなかったがゆえに、魏は〈ヤマト〉と朝鮮半島にあって馬韓や弁韓などと国境を接する〈任那〉を混同し、いずれも「倭」と記録したと考えられる。

「伽耶」と「倭（任那）」は別国家でありながら言語習慣にさほどの差異はなく、四世紀の終わり頃にはヤマトが朝鮮半島南部を支配したため、ますます「伽耶」と「倭（任那）」の違いはあやふやになり、六世紀頃になるとこれらの国や地域はまとめて「任那」と認識されるようになったのだろう。

任那が最後までまとまった国家にはならず、「小国家群」のようなありさまだったとされるのもこのような理由からだろう。

もともとヤマトはその北限領土である伽耶または後の任那である「倭」を通じて朝鮮半島

の鉄を入手していたと考えられるが、二三八年に公孫氏が魏によって滅ぼされたために帯方郡も魏に支配され、朝鮮半島内での交易は魏と交渉しなければならなくなったのだろう。

この大陸の戦争の混乱に乗じたのが河内氏の狗奴国だったとすればどうであろう。

孝元天皇が崩御したと考えられる二一〇年以降、狗奴国は皇位継承を有利に進めるため、なりふり構わず大陸にまで独断で足を延ばして大量の鉄を輸入し始め、放置しておけば軍事バランスが逆転しかねない状況になっていた可能性がある。

情報を得た大和朝廷は大きな危機感を覚えたはずである。

魏への遣使は、帯方郡で審査された上で許可され、行われていたものと見られるが、武埴安彦率いる「狗奴国」にその許可が下りる前に、「邪馬台国の卑弥呼」が先んじたのではないだろうか。

つまりこれが二三八年以降の「ヒミコの遣使」の理由ではないのか。

彼ら狗奴国は、皇位継承問題を棚上げし、空位とすることで一旦停戦に合意したが、ヤマト朝廷側としては彼らを盟主にするわけにもいかず、この停戦合意は「時限爆弾」だったろう。

だからヒミコ薨去直前、狗奴国は朝廷側の皇位継承の動きを察知し、テロ等の行為に及び、ヒミコ死去後、開化天皇が即位するに及んで遂に大規模な戦乱が勃発したのだろう。

この戦乱は朝廷の想像を超える規模のものとなり、開化は退位を余儀なくされ、やむなく再び摂政として孫の「豊鍬入姫」を選出したのだろう。

開化の皇子で豊鍬入姫の父親であるミマキイリヒコは、事実上の最高権力者として指揮したが、埴安彦軍を完全に打ち破るまでにかなりの年月がかかったと思う。

ミマキは武埴安彦を破ると「畿内《うちつくに》は収めたが、まだ畿外は騒がしい」と言って将軍を派遣したというが、時系列から見てこの時すでに西国は治まっており、東国と北国に大彦らを派遣したのだろう。

そしてこれらが平定されたのがおそらく二六〇年代終わり頃で、この時遂にミマキは十代崇神天皇として即位した、と思う。

邪馬台国の使節「難升米と都市牛利」とは誰か

次に、魏志に記載された、ヒミコの使者難升米《なしめ》と副使　都市牛利《つしごり》の正体を見てみたい。

見てみたいと言っても資料は限られる。そこに記録された人物に目ぼしい者がいるのだろうか。

魏志、「難升米」「都市牛利」部分の抜粋

景初二（二三八）年六月、倭女王は大夫、難升米等を遣わして郡に詣り、天子に詣りて朝献せんことを求む。太守、劉夏《りゅうか》は吏を遣わし、将《ひき》い送りて京都に詣る。

帯方太守、劉夏が使者を派遣し、汝の大夫、難升米と次使、都市牛利を送り、汝の献上した男の生口《せいこう》四人、女の生口六人、班布二匹二丈をささげて到着した。

「難升米」（難斗米とも）はナシメ、ナトメ、ナンショウマイなどと読まれ、日本の歴史上の人物に特定できる定説はない。

一説に「常世の国」に「非時香菓《ときじくのかくのみ》（橘の実）」を取りに行ったタジマモリ（田道間守）という。

確かにタジマとナシメは似ており、魏の役人の耳にナシメと聞こえていた可能性はあろう。

ただ、日本書紀ではこの人物は二四五年頃の生まれであろう十一代垂仁天皇の勅を受けて旅立ったことになっており、私見による時期とは数十年合わなくなる。他に記紀や旧事記から特定できそうな人物を見つけようとしたが、見つけられなかった。

しかしながら、タジマモリの伝承は記紀ともに「垂仁天皇」の条に書かれているのだが、これが不自然なのである。

タジマモリは確かに、垂仁天皇の命を受けて「常世国」に「非時香菓」を取りに行ったらしいのだが、日本書紀には、タジマモリの五代前の高祖に当たる天日槍命《あめのひぼこのみこと》も同じ垂仁天皇《すいにんてんのう》の時に新羅からやってきたとされているのだ（古事記には十五代応神天皇記に「昔のこと」として天之日矛が登場）。

いくらなんでも同時期に四世代差もの人物が生きていたわけがないと思って調べたところ、「但馬国司文書（主要部を但馬故事記とも）」なる古文書にはこう書かれていた。

「天日槍命は考安天皇の御代に渡来し、僕（やつかれ）が新羅の王の子、我が祖は秋津州の王子稲飯（イナヒ）命」と名乗ったという。

（『古史古伝と偽書の謎を読む』原田実「但馬故事記」五つの謎より　新人物往来社　二〇一二年三月）

外国人である新羅の王子にしては「天日槍命」とはいかにも日本的な神の様な名だと思ったら、やはり天日槍命自身が先祖は日本の皇族だと言ったというのである。

稲飯命《いなひのみこと》は神武天皇の兄で、またの名を鋤持神《さひもちかみ》（書記）、佐比持神（古事記）という。

但馬国司文書に関しては偽書の類ともされ、その信ぴょう性に疑問を持つ意見も多いようだが、「新撰姓氏録」で新良貴氏の系譜として、

新良貴　ウガヤ命の男（子）の稲飯（イナヒ）命の後也　出於新良国。即為国主。稲飯（イナヒ）命出於新羅国王者祖合

としていて、稲飯命が新羅にわたって新羅王の祖となり、その末裔である新良貴氏が日本の皇別氏族として帰国した、などと似たような伝承を記録しており、一概に偽書だと切り捨てることもできないと考えられる。

つまり、但馬氏は元々極めて古い日本の皇族だったが、朝鮮半島に出て新羅王家になった、というのである。

ちなみに現存する歴史書としては朝鮮半島最古の史書「三国史記（十二世紀）」の新羅本記にも、「倭人が新羅の王になった」云々の記録があるから、正史に残らない日本人王が、

袴狭遺跡「準構造船線刻図」
兵庫県立考古博物館蔵

古代朝鮮半島に君臨していた可能性は高い。

その日本の皇族の末裔でもある天日槍命は、新羅を統治する王家でもありながら、何らかの事情で日本に舞い戻り、天皇家の臣下として「但馬家」を興した、ということになろう。

当時は大臣、宰相になる人物も大体は「家業」として世襲されていたらしい。

そして、但馬家は新羅出身の元皇族ということで、「大陸語を解し、外交に向いた家柄」として重宝されていたらしい。

事実、天日槍命は但馬国（兵庫県北部）を居住地と定め、そのままここが但馬氏の拠点となるのだが、その但馬の出石町の「袴狭《はかさご》遺跡」から、船団の線刻画が描かれた木製品が出土している。

この木製品は弥生時代後期から古墳時代前期にかけてのも

ので概ね三世紀半ば、つまりヒミコの時代と重なっていると考えられている。船の絵にも「堅板」が表現されていて、弥生時代にあったらしい舟と同じタイプである。

船団のうち、真ん中の船だけはかなりな大型船で、あるいはここに但馬氏が、その他の船は但馬氏の臣下が先導し、あるいは警護して航行する様子を描いているように見える。

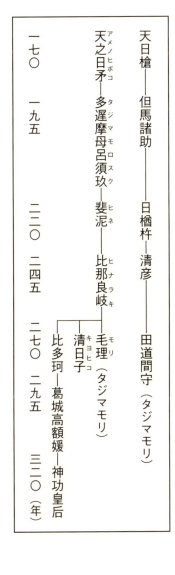

天日槍―但馬諸助―日楢杵―清彦―田道間守（タジマモリ）

天之日矛《アメノヒボコ》―多遅摩母呂須玖《タジマモロスク》―斐泥《ヒネ》―比那良岐《ヒナラキ》┬毛理《モリ》（タジマモリ）
├清日子《キヨヒコ》
└比多珂―葛城高額媛―神功皇后

一七〇　一九五　二二〇　二四五　二七〇　二九五　三二〇（年）

次に日本書紀（表右）と古事記（表左）の系図を見てみよう。

「古事記」では諸助（母呂須玖）と日楢杵（比那良岐）の間に斐泥なる人物がいるが、同時に清彦（清日子）はタジマモリの兄弟とされ、アメノヒボコからタジマモリの間の世代数は結局同じとなる。

このうち、神功皇后は、仲哀天皇の皇后だから同世代、大体三二〇年頃の生まれだろう。

ここでも一世代二十五年ルールで遡れば、タジマモリはおよそ二七〇年の生まれ、二四五年頃生まれたとみられる垂仁天皇のために非時香菓《ときじくのかくのみ》すなわちタチバナ（橘）を求めに常世国に派遣された、というエピソードとぴったりの世代となり、記紀の記録と極めて整合する。

同じように遡れば、天日槍は一七〇年頃の生まれとなるだろう。

第六代とされる孝安天皇がいつ頃の人物かの特定は難しいが、系譜が記紀どおりとすれば、孝元天皇の祖父であるから、一二〇年頃の生まれの人物と考えられる。

この天皇の御代に、「新羅の王子」を名乗る若き天日槍がやってきたとするのは、時期的にほぼ整合するではないか。

「書記」で垂仁天皇の御代に「天日槍」がやってきて、その五代目の「タジマモリ」が外交の一環として「常世国」に赴いたとするのは誤りで、神功皇后の曾祖父に当たるタジマモリが垂仁天皇の御代にいた、ということは真実だが、その先祖に当たる天日槍は、但馬国司文書によればその百年以上前の「考安天皇の御代」に「元皇族の貴種」として帰国したのだ。

そうすると、二三八年に使節として派遣された難升米とは、当時すでにタジマを名乗っていたであろう天日槍の子である但馬諸助《たじまもろすく》（一九五頃生まれ？）或いは孫の但馬日楢杵《たじまひならき》（二一〇頃生まれ？）または但馬斐泥《たじまひね》（古事記説）ではないだろうか。

二三八年に荒海を超えて大命を帯びた交渉をするのだから、年齢的に言えば若者の可能性は低い。とすれば但馬諸助が妥当かも知れない。

彼は名を聞かれ、ヤマトの国の使節代表であるタジマと申す者である、と返答した可能性が極めて高い。

魏側はこれを「ナシメ、ナシマ」と聞き取ったというわけだ。

次に遣魏使の副官という「都市牛利《つしごり》」について考えてみたい。

記紀以外で当時の記録を比較的多く残すのは、「旧事記（旧事本記）」だ。

物部氏が家伝として伝えられたものをまとめたものらしく、偽書とも言われるが、記紀にはない情報も多く、古代史研究には関しては必須の第一級資料だ。

この名は、旧事記に出てくる物部氏宗家の系図を見れば、発音では出石心《いずしこころ》と鬱色雄《うつしこを》なる人物がよく似ていることがわかる。

旧事記　物部氏の系図

宇摩志麻治《ウマシマチ》─彦湯支命《ヒコユキノミコト》─出雲醜大臣《イズモノシコノオホオミ》─三見宿禰《ミツミノスクネ》─大矢口宿禰《オホヤクチノスクネ》─鬱色雄《ウツシコヲ》─伊香色雄《イカシコヲ》
　├出石心大臣《イズシココロノオホキミ》（宇摩志麻治の子）
　├大水口宿禰《オホミナクチノスクネ》（三見宿禰の子）
　└鬱色謎《ウツシコメ》（孝元后）（大矢口宿禰の子）

出石心大臣は五代考昭天皇の御代に大臣。
三見宿禰は同じく五代考昭天皇の御代に宿禰になった。
大矢口宿禰は七代孝霊天皇の御代に宿禰になった。
鬱色雄は孝元皇后の鬱色謎の兄妹。孝元天皇の御代に大臣になった。
伊香色雄は開化天皇のときに大臣となり、崇神天皇の御代にも活躍したという。

鬱色雄《ウツシコヲ》の兄妹である鬱色謎《ウツシコメ》は、孝元天皇に嫁ぎ、その子がオオヒコなのだ。
五代考昭天皇の御代に大臣だったという出石心を孝元天皇期に活躍した人物とするには世

代的に無理がある。

日本書紀には、崇神天皇の七年に大神神社創建の夢を大水口宿禰が見た、とある。この時期は倭迹々日百襲姫つまりヒミコが斎王として統治していた最晩年(二四七年前後)とみられるから、大水口の甥である鬱色雄であれば時期的に対応するだろう。

もっとも鬱色雄《うつしこを》は「ツシゴリ」とかなり似てはいるが、強いて言えば最後音の「リ」と「ヲ」の違いが大きい。

しかしこれは、「倭人伝」を転写する際、字を書き間違えた可能性が高いと私は思っている。

魏志より四百年近く時代が下った「隋書倭国伝」には、以下の記録がある。


王の妻を雞彌《キミ》といい、後宮の女性六七百人がいる。

太子を名付けて利歌彌多弗利《リカミタフリ》となす……


この皇太子を表す利歌彌多弗利なる文字は今でも定説がないが、平安時代まで使われていた、皇族を表す「ワカンドホリ」のことではないかとする説がある。

これは源氏物語「末摘花《すゑつみはな》」に出てくる、

「大輔命婦とて、内裏にさぶらふ、わかむどほりの兵部の大輔なるむすめなりけり」

大輔命婦と呼ばれ、宮中に出仕している。皇族の兵部大輔の娘である……の「わかむどほり」で語源は不明ではあるが、皇族を表す敬称だ。

この言葉を聞いた隋の役人が「和歌彌多弗利《ワカミタフリ》」と聞き、これが転写される際「利歌彌多弗利《りかみたふり》」と誤記したというのである。

たしかに「利」と「和」は似ており、これを写し間違えた可能性は高い。

鬱色雄の「雄」は、「オ」というよりも「ヲ」であり、当時は「オ」というよりは「ウォ」に近い発音だっただろうから、ウツシコウォと聞いた魏人がツシゴワ――都市牛和――と記録していたとみるのはかなり自然だと思う。

さらに後に、この「都市牛和」が誤転写で「都市牛利」になっただけではないだろうか。

なおこの物部氏だが、旧事記によれば、十一代垂仁天皇の御代、鬱色雄の二世代下（又甥《またおい》）の十市根《とおちね》（十千根）の時に大連《おおむらじ》として初めて「物部連公《もののべのむらじのきみ》」の賜姓があったとされ、それ以前の記録には姓はなく、「鬱色雄」「出石心」など、その名だけで呼ばれていたようだ。

以上から、難升米と都市牛利はそれぞれ「魏の言葉と文字を解する、外交を担う世襲家である但馬諸助《たじまもろすく》」と「物部氏宗家で、主に内政に当たっていた世襲大臣家の当主だった鬱色雄《うつしこを》」と判断する。

「旧事記」ではこの鬱色雄は孝元天皇の時代、大臣であったとされるが、ヒミコが摂政として君臨している時に、魏使として渡海したのだろう。

#「魏志」に登場する人物比定まとめ

邪馬台国の女王　卑弥呼《ひみこ》……ヤマトの斎王・倭迹々日百襲姫《やまとととひももそひめ》（七代孝霊天皇の皇女とされる彼女は、実は八代孝元天皇の皇女だという倭迹々姫と同一人物）。

狗奴国の官　拘右智卑狗《かうちひこ》……狗奴は南河内（現大阪府南部）、今の藤井寺市や羽曳野市を中心とする地域で、拘右智卑狗はここを治める豪族の長・河内青玉繋《かわちのあおたまかけ》の一族。

狗奴国の王　卑弥弓呼《ひみここ》……卑弥弓呼はヒコミコ、つまり彦皇子のこと。ここでは八代孝元天皇の皇子で、母は河内青玉繋の娘・埴安媛の子、武埴安彦《たけはにやすひこ》。卑弥呼こと倭迹々日百襲姫とは異母兄弟。

卑弥呼の男弟……おそらく卑弥呼の甥・ミマキイリヒコ命。（後の十代崇神天皇）

卑弥呼の宮殿に出入りする男性……不詳。歴史に名を残していないと思われるが、この人物が倭迹々日百襲姫の精神的支えになっていた可能性が高い。

卑弥呼の宗女　台与《とよ》……崇神天皇の娘・豊鍬入姫《とよすきいりひめ》。

魏への正使　難升米《なしめ》……外交を担う但馬家当主の但馬諸助《たじまもろすく》。天日槍命《あめのひぼこのみこと》の嫡男。田道間守《たじまもり》（多遅麻毛理）はひ孫。

魏への副使　都市牛利《つしごり》……物部氏当主で大臣の鬱色雄《うつしこを》。都市牛和の転記ミスとみられる。姉または妹の鬱色謎《うつしこめ》は孝元天皇妃。

倭国大乱……八代孝元天皇のおそらく急逝により勃発した皇位継承戦争。幼年の武埴安彦を擁する狗奴の河内氏が、この少年の皇位継承を要求したため起きた（西暦で二一〇年頃、この事件は日本書紀等には残っていない）。

（二回目の）狗奴国との戦乱……成長した武埴安彦率いる狗奴国が、改めて皇位継承を要求して起きた戦争（倭迹々日百襲姫の死に当たる二四八年頃の少し前から紛争が起き、彼女の死後一気に激化した）。

最終年表

一七〇頃　この頃、八代孝元天皇、生まれる。おそらく幼少時に即位。

生年は雄略天皇生年から世代数をさかのぼった推定。
即位は魏志「男子を以て王と為し、往まるところ七〜八十年（二倍年記につき三十五年〜四十年）」とあることから、二一〇年頃崩御したと考えられる。

一九五以前　七代孝霊天皇皇子の吉備津彦、稚武彦ら、父孝霊天皇の命を受け、西国遠征。

讃岐の田村神社、水主神社、桃太郎神社の社伝

一九五頃　八代孝元天皇の皇子・大彦、大日日尊（後の九代開化天皇）生まれる。

雄略天皇生年から世代数をさかのぼった推定

二〇七前後　同天皇の皇女として倭迹々姫皇女（倭迹々日百襲姫と同一人物）、生まれる。

雄略天皇から世代数をさかのぼり、かつ二一〇頃の「大乱」時、七歳（二倍年暦での年齢の可能性が高く、現在の暦で四歳）だとされることから。

二一〇頃　孝元天皇、おそらく突然の崩御により、皇位継承をめぐる戦乱が発生（これが魏の記録した倭国の大乱）。

梁書の光和年間（一七八～一八四）から。ただし、この年代は景初二年（二三八）に魏に来た使節が二倍年暦を用い、「六十年ほど前に戦乱が起きた」と説明したためで、実際は二一〇頃だろう。

※ただし、梁書の記録には信ぴょう性に疑義を抱く声も多く、根拠をより古い五世紀に成立した後漢書に記載された倭国大乱の時期「桓帝霊帝の間（一四六〜一八九）」に求めた場合、二倍年暦で再計算すると、一九三〜二一四と幅が広がる。

皇子らはまだ幼く、皇位継承の空隙が生じたことが原因とみられる。具体的には河内南部及び宇治（狗奴国）の支配者・武埴安彦を擁する河内青玉繋の一族が、娘婿である武埴安彦に皇位を継承させるよう要求したのだろう。

のちに戦乱が「女王擁立（＝斎王擁立での皇位継承棚上げ）」で一応の収束を見せたため、原因は皇位継承問題以外にはなく、その対立者は武埴安彦以外に該当者がいない。

事態が収拾されず、無政府状態に。

倭迹々日百襲姫皇女、戦乱を避けるため、七歳（今の暦で四歳）で大和を出て、八歳（今の暦で四歳）で讃岐へ疎開。

その後、すでに「四道将軍遠征」の一環で派遣されていた稚武彦、讃岐で迹々日姫（兄妹。実際には伯父と姪）が面会（水主神社）。この時ヤマトの摂政・斎王となる旨の辞令を受け取ったか。

二三〇頃

倭迹々姫、讃岐から戻り、空位時代のヤマト国摂政に就任。目的は狗奴国との戦争の原因である皇位継承問題を棚上げし、停戦とすること。

空位の上、魏には「斎王」という役職はないため、魏人は彼女を女王だと考えた。

（水主神社）（魏志）を合わせた推定。ただし、神社伝承で『七歳で戦乱が起きた』とするこの年齢が、二倍年暦によるか否かで三〜四年の誤差は生じる。

二二〇前後　ミマキイリヒコ（後の崇神天皇）、生まれる。

雄略天皇から世代数をさかのぼった推定

二三八　倭迹々姫、魏に遣使。使節に難升米（但馬諸助）、副使は都市牛利（鬱色雄）。その目的は河内南部の支配者・武埴安彦（倭迹々姫とは異母兄弟）をけん制し、朝鮮半島の鉄を安定供給するためだろう。

魏志ほかの古代中国古文書より

二四二頃　台与（崇神の娘、豊鍬入姫命）生まれる。
この後、大日日尊（開化）の嫡男、ミマキ（崇神）が朝廷の実権を握る？

魏志によれば、ヒミコが死した二四八年かそのあと、十三歳（二倍暦）で女王になったことから逆算。

また、ミマキイリヒコは倭迹々姫の甥ではあるが、「男弟あり、佐《たす》けて国を治める」という魏志の記述とも一致する。

二四七　倭迹々姫、再度魏に遣使。狗奴国との対立が激化（魏志）。
この頃？「四道将軍」のうち、残りの遠征か。

大和に疫病流行。倭迹々姫、大神神社を作らせる。

またおそらく、神の祟りを鎮めるため、ご神体（八咫鏡）をご動座させることも助言（伊勢神宮の始まり）。

童女がミマキイリヒコの命が狙われている、という歌を歌ったのもこの頃。

日本書紀よりの推定

二四八頃　倭迹々姫薨去（不審死か）、「男王」即位。
即位したのは、ヒミコの実の兄で、崇神の父、後に開化天皇と呼ばれる人物だろう。

しかし、開化帝は戦乱激化によりほどなくして退位、崇神の娘・十三歳豊鍬入姫（台与）（現在の暦で七歳か）、摂政として君臨。再び空位時代となる。ただし、おそらく父のミマキイリビコ（崇神）が引き続き政務の実権を握っていただろう。

魏志より。台与擁立の目的は第一回大乱と同じ皇位継承問題棚上げ

二五〇頃

「箸墓」、築造され、倭迹々姫埋葬される。

炭素放射線測定より

この頃武埴安彦軍、ついに平定される。

日本書紀と魏志よりの推定

ミマキイリビコ「今は反《そむ》いていた者たち（武埴彦の反乱のこと）はことごとく服した。畿内《うちつくに》には何もない。だが畿外の暴れ者たちが騒ぎを止めない。四道将軍たちは今すぐ出発せよ」と命ずる。

二六六　台与、晋に遣使。

日本書紀「晋起居注」より

二六六以降　全国平定を見届け、ミマキイリヒコ、即位し、安定政権を樹立（十代崇神天皇）。

まとめ

以上が諸資料、伝承、科学的調査等を統合した結論である。

これまでどうしても齟齬や矛盾が生じていた問題を、ここまで合理的に説明した論はかつてなく、画期的な内容になっていると思う。

かつてのすべての「邪馬台国論」は「日本書紀」には記録されていない「女王」の存在や「倭国大乱」の記録に悩まされ、有効な仮説を見いだせずに来た。

だが、ヒミここと倭迹々日百襲姫や台与が斎王として摂政だったことが記録されなかったことを除けば、ほぼすべてキチンと日本書紀は記録していたのである。

我々は魏志にある「女王」や「女王国と対立する狗奴国」などの文字に振り回され、長く真実を見失っていた。

我々は、いわば「十四世紀の中国の記録に足利義満が日本国王だと書いてあるのだから、ことになる。
その時には天皇家はなかったのである」、と言っているのと同じような間違いを犯していた

「摂政」や「空位時代」といった記録の脱落は、日本書紀が編纂された奈良時代初頭、すでにヒミコの時代の詳細を知る者がいなかったためか、あるいは天智系と天武系が争った壬申の乱から幾ばくもない時期のことであり、皇位継承を原因とする戦争の記述にデリケートになっていたためだろう。

だからこそ編纂者たちは「魏志」のことも倭迹々日百襲姫が摂政になったことや武埴安彦の事件のことも伝承として知っていたのに、「卑弥呼」を神功皇后に当てはめてしまったのだ。

しかし、今回明らかにしたこの論こそ大筋において、三世紀の日本史の真実をついていると確信している。

ヒミコ、すなわち倭迹々日百襲姫は従来考えられていたよりもずっと若くして亡くなった。おそらく四十一歳（数えで四十二歳）くらいであったろう。

箸墓は「昼は人が作り、夜は神が作った」とされ、この伝承自体が、姫が神にも人にも両

方から愛され賛美されるべき功績を残したことを示している。

その功績とは、姫の長年の努力と知恵と、その不思議な能力で、国家と皇統を平和裏に安定たらしめた奇跡を達成したことだろう。

つまり言い換えれば、それまでのヤマトはいつも皇位継承に絡んだ戦乱に明け暮れていたことを物語っていると思う。

第一章で私は、日本（ヤマト）の君主になるには、その家柄の者――現在に男系でつながる皇統――でなくてはならない、というルールは成立していたと述べたが、残念なことに、武埴安彦の例にみられるように、それまでは皇位継承権を持つ者（を戴く勢力）同士で常に戦が絶えなかったとみられる。

武植安彦謀反を予知したり、魏への遣使で軍事力を増強する礎を築いたのは百襲姫の功績であろう。

また、人心を落ち着かせる大神神社の創建決定や、伊勢神宮も姫の助言なしでは創建されなかったと思われる。

安定政権である第十代崇神天皇の即位に多大な貢献をしたのだ。

それ以前のヤマト国は、おそらくこのような戦乱に明け暮れたため、到底大型古墳など作

三輪山（左後方）を仰ぐように横たわる箸墓

る余裕もなかったのだろう。

大型古墳は存在そのものが、当時の政権の平和的安定を示しているからである。

にもかかわらず、「箸墓神話」を見る限り、姫は何か不慮の死を遂げたらしい。

これも諸説あるが、まず老衰ではない。

彼女は従来考えられていたよりもずっと若くして亡くなったはずだ。

また、日食が起きたから、神人としての役目を果たせないと人々に判断され、人身御供的に処刑されたなどエキセントリックな理由でもありえない。

当時のヤマト国の人々は、確かに命の価値は今よりはるかに軽かっただろうが、基本的な価値観や感性は現代日本人と何ら変わらないだろう。

三世紀のヤマトは、日本なのだ。

身分の低い者ならともかく、彼女のような高位の者を異様な理由で殺すなどあり得ない。姫はおそらく、個人的というよりは政治的理由で暗殺された可能性が高いと思うが、残念ながらこれ以上のことは新しい資料でも出てこない限り、真相は闇の中だろう。

全てわからなくても、倭迹々日百襲姫の功績は今に続く日本の方向性を決めたものだろうし、また現代にも奇跡を起こした。

日本書紀や古事記といった日本の古典では伝えられなかった古代日本の出来事と時期が、魏、という外国への遣使によって曲がりなりにも客観的な資料を残させ、今こうして歴史の重要な一コマが明らかになるという奇跡を。

最後になりましたが、編集室の北澤晋一郎氏はじめ、鳥影社のみなさまには大変お世話になりました。

この場をお借りして、厚く御礼申し上げます。

平成三十年　二月

まとめ

付録

●魏志倭人伝（抜粋）

その國、本また男子を以て王となし、住《とど》まること七、八十年。倭國乱れ、相攻伐すること歴年、乃《すなわ》ち一女子を共立して王となす。名付けて卑彌呼という。鬼道に事《つか》え、能く衆を惑わせる。年既に長大なるも、夫婿なく、男弟あり、佐《たす》けて國を治める。王となりしより以来、見るある者少なく、婢《はしため》千人を以て自ら侍せしむ。ただ一人の男子あり、飲食を給し、辞を伝え居処に出入す。宮室、楼観、城柵をおごそかに設け、常に人あり、兵を持して守衛す。

景初二年（二三八）年六月、倭の女王、大夫難升米等を遣わし郡に詣り、天子に詣りて朝献せんことを求む。太守劉夏、吏を遣わし、送って京都に詣らしむ。

その年の十二月、詔書して倭の女王に報じていわく、「親魏倭王卑彌呼に制詔す。帯方の太守劉夏、使を遣わし汝の大夫、難升米、次使都市牛利を送り、汝献ずる男生口四人、女生口六人、班布二匹二丈を奉り以て到る。

その（正始）八（二四七）年、太守王頎官に到る。

倭の女王の卑彌呼、狗奴國の男王卑彌弓呼と素より和せず、倭は載斯・烏越等を遣わし、相攻撃している状を説く。塞曹掾史張政等を遣わし、詔書と黄幢を難升米に拝假し、檄を為してこれを告喩す。

卑彌呼以て死す。大いに塚を作り径百余歩、狗葬者奴碑百余人。更に男王立つも國中服せず、更相誅殺し、当時千余人殺す。また卑彌呼の宗女の壹與年十三なるを立てて王となし、國中ついに定まる。

『魏志倭人伝』（岩波文庫）参照

●日本書紀（第七代　孝霊天皇記）

大日本根子彦太瓊天皇《おおやまとねこひこふとにのすめらみこと》は、日本足彦国押人天皇《やまとたらしひこくにおしひとすめらみこと》（第六代　考安天皇）の太子也。母は押媛と曰す、蓋《けだ》し天足彦国押人命の女《むすめ》か。天皇、日本足彦国押人天皇の七十六年春正月を以て、立ちて皇太子《ひつぎのみこ》と為りたまふ。百二年の春正月、日本足彦国押人天皇崩《かむあがり》ります。秋九月甲午《かふご》の朔《つきたち》丙午《へいご》、日本足彦国押人天皇を玉手丘上陵に葬りまつる。冬十二月癸亥《きがい》の朔丙寅《へいいん》、皇太子、都を黒田に遷したまふ、是を廬戸宮《いほとのみや》と謂《い》ふ。

元年春正月壬辰の朔癸卯、太子、天皇位す。皇后を尊びて皇太后と曰す。是年、太歳辛未なり。

二年春二月丙辰の朔丙寅、細媛命を立てて皇后《きさき》としたまふ。一に云ふ、春日千乳早山香媛《かすがちちはやまかひめ》といふ。一に云ふ、十市縣主《とおちのあがたぬし》等が祖が女《むすめ》眞舌媛《ましたひめ》といふ。后、大日本根子彦国牽天皇《おおやまとねこひこくにくるのすめらみこと》（第八代　孝元天皇）を生みたまふ。妃《みめ》、倭国香媛《やまとくにかひめ》またの名絙某姉《はへいろね》、倭迹々日百襲姫命《やまとととひももそひめのみこと》・彦五十《ひこいさ》

狹芹彦《せりひこ》命　またの名吉備津彦《きびつひこ》命・倭迹々稚屋姫《やまとととわかやひめ》命を生む。亦の妃、絙某弟《はへいろど》、彦狹嶋《ひこさしま》命・稚武《わかたけ》彦《ひこ》命を生む。弟稚武彦命は是吉備臣《きびのおみ》の始祖也。三十六年春正月己亥《きがい》の朔、彦国牽尊を立てて皇太子としたまふ。七十六年春二月丙午の朔癸丑、天皇崩ります。

●日本書紀（第八代　孝元天皇記）

大日本根子彦国牽天皇《おおやまとねこひこくにくるのすめらみこと》（孝元天皇）は、大日本根子彦太瓊天皇（第七代　孝霊天皇）の太子也。母は細媛命と曰し、磯城《しき》縣《あがた》主《ぬし》大目《おおめ》が女《むすめ》也。天皇、大日本根子彦太瓊天皇三十六年春正月を以ちて、立ちて皇太子と為りたまふ。年十九なり。七十六年春二月に、大日本根子彦太瓊天皇、崩《かむあがり》ります。

元年の春正月辛未《しんび》朔の甲申に、太子、天皇しろしめす。皇后を尊《たつと》びて皇太后《おほきさき》と曰《まを》す。是年也、太歳丁亥《たいさいていがい》なり。四年春三月甲申の朔甲午に、都を軽《かる》の地《ところ》に遷したまふ、是を境原宮《さかいはらのみや》と謂ふ。六年秋九月戊戌《ぼじゅつ》の朔癸卯《みずのとう》に、大日本根子彦太瓊天皇を片丘馬坂陵《かたおかうまさかのみささぎ》に葬りまつる。七年春二月丙寅の朔丁卯に、欝色謎《うつしこめ》命を立てて皇后と為す。后は二男一女フタハシラノヒコミコ、ヒトハシラノヒメミコを生みたまふ。第一を大彦《おほひこ》命と曰《まを》し、第二を稚日本根子彦大《わかやまとねこひこおお》日々天皇《ひひのすめらみこと》（第九代　開化天皇）と曰し、第三を倭迹々姫《やまとととひめ》命と曰す。一に云わく、天皇の母弟少彦男心《すくなひこおこころ》命なりといふ。妃《みめ》、伊香色謎《いかがしこめ》命は彦太忍信《ひこふとおしのまこと》命を生む。次の妃、河内青玉繋《かわちのあおたまかけ》が女《むすめ》、埴安媛《はにやすひめ》は武埴安彦《たけはにやすひこ》命を生む。兄《え》大彦命は、是阿倍臣・膳《かしはで》臣・阿閉臣・狭々城山君・筑紫国造・越国造・伊賀臣、凡《すべ》て七族の始祖也。彦太忍信命、是武内宿禰《たけのうちのすくね》の祖父也。

二十二年春正月己巳《きし》の朔壬午《じんご》、稚日本根子彦大日々尊（第九代開化天皇）を立てて皇太子としたまふ、年十六なり。五十七年秋九月壬申《じんしん》の朔癸酉《きゆう》、大日本根子彦牽天皇、崩《かむあが》ります。

●日本書紀（第十代　崇神天皇記　抜粋）

御間城入彦五十瓊殖天皇《みまきいりひこいにゑのすめらみこと》は稚日本根子彦大日々天皇（第九代開化天皇）の第二子也。母は伊香色謎命と曰し、物部氏の遠祖、大綜麻杵《おほへそき》が女《むすめ》也。天皇、年十九歳にして、立ちて皇太子と為りたまふ。識性聰敏《しきせいそうびん》に、幼《わか》くして雄略《ををしき》を好みたまふ。既に壮《おとこざかり》にして寛博謹慎《くわんばくきんしん》に、神祇を崇めたまひ、恒に天業《あまつひつぎ》をおさめんとおもほす心有します。六十年夏四月、稚日本根子彦大日々天皇崩ります。

元年春正月壬午《じんご》の朔甲午《こうご》、皇太子、天皇即位す。皇后を尊びて皇太后と曰す。二月辛亥の朔丙寅、御間城姫を立てて皇后としたまふ。是より先、后は活目《いくめ》入彦《いりひこ》五十《い》狭《さ》茅《ち》天皇《のすめらみこと》（第十一代　垂仁天皇）・彦《ひこ》五十《い》狭《さ》茅《ち》命・国方姫《くにかたひめ》命・千々《ちち》衝倭姫《つくやまとひめ》命・倭彦《やまとひこ》命・五十《い》日《か》鶴彦《つるひこ》命を生みたまふ。又妃、紀伊国の荒河戸畔《あらかわとべ》が女遠津《とおつ》年魚《あゆ》眼《め》眼《ま》妙媛《くわしひめ》（一に云はく、大海宿禰《おほあまのすくね》が女、八坂振天某辺《やさかふるあまいろべ》といふ）は、豊城入彦《とよきいりひこ》命・豊鍬入姫《とよすきいりひめ》命を生む。次妃、尾張大海媛は八坂入彦命・渟名城入姫《ぬなきのいりひめ》命・十市《とをち》瓊《に》入姫《いりひめ》命を生む。是年、太歳甲申なり。

三年秋九月、都を磯城《しき》に遷したまふ、是を瑞籬宮《みずがきみや》と謂ふ。

四年冬十月庚申の朔壬午、詔《みことのり》して曰《のたま》はく「惟《これ》、我が皇祖・諸天皇等の宸極《あまつひつぎ》を光臨《しら》しめししことは、あに一身の為ならむや。蓋《けだ》し人神をととのへ、天下をおさめたまふ所以なり。故、能く世に玄功《げんこう》を開き、時に至徳をしきたまふ。今し朕大運をうけたまはり、黎元《おほみたから》を愛み育む。いかにしてか、つひに皇祖に跡にしたがひ、永く無窮之祚を保たむ。其れ群卿《まえつきみたち》百僚《ももつかさたち》、爾《いまし》が忠貞をつくし、共に天下を安みせむこと、亦よからずや」。

五年、国内に疾疫《えやみ》（伝染病）多く、民の死亡者ありて、なかば大半（過半数）なむとす。

六年、百姓流離《さすら》へ、或いは背くものあり、其の勢ひ、徳を以て治め難し。是を以ちて、晨《つと》に興《お》き、夕《ゆうべ》に惕《おそ》り、罪を神祇に謂《の》みたまふ。是より先、天照大神・倭大国魂二神、並びに天皇の大殿の内に祭る。然るに其神の勢ひを畏れ、共に住みたまふこと安からず。故、天照大神を以ちて豊鍬入姫命に託《つ》け、倭の笠縫邑《かさぬひのむら》（今の檜原神社あたり）に祭り、仍りて磯堅城《しかたき》の神籬《ひもろぎ》を立つ。神籬、ここには比莽呂岐《ヒモロキ》と云ふ。亦、日本大国魂神を以ちて、渟名城入姫命《ぬなきのいりひめ》に託け祭らしむ、然るに渟名城入姫、髪落ち、體《み》痩せて祭ること能わず。七年春二月丁丑《ていちう》の朔辛卯、詔して曰はく、「昔、我が皇祖、大きに鴻基《こうき》を啓きたまひ。其の後、聖業いよいよ高く、王風転盛なり。おもはざりき、今し朕が世に当たりてしばしば災害あらむとは。恐るらくは朝（朝廷）に善政無くして、咎を神祇に取れるにか。なにぞ命神亀（占い）へて災を到す所由を極めざらむ」。

是において、天皇、乃ち神淺茅原《かむあさちはら》（地名）に幸《いでま》して、八十萬神《やそよろづのかみ》を会《つど》へて卜問《うらと》ひたまふ。是時、神明《かみ》、倭迹々日百襲姫命に憑《かか》りて曰《のたまは》く「天皇、何ぞ国の治まらざることを憂えたまふや。若し能く我を敬ひ祭りたまはば、必ず自平《たいら》（白然に平穏）きならむ。」天皇問ひて曰く、「かく教ふは誰の神ぞ」答へて曰く「我は是倭国の域の内に居る神、名を大物主神といふ」。

時に、神語を得て教へのままに祭祀る、然れども猶し事に験《しるし》無し。天皇、乃ち沐浴斎戒《ゆかあみものいみ》し、殿内を浄めて祈《の》みて曰く「朕、神を礼ふこと尚し、未だ尽くさざるか、何ぞ享けたまはぬことの甚しき。ねがはくば亦夢の裏《うち》に教へて、神恩を、をへたまへ」とのたまふ。是の夜に夢に、一貴人有り、殿戸にむかひ立ち、自ら大物主神となのりて曰く、「天皇、復《また》な愁《うれ》へましそ。国の治らざるは、是吾が意なり。若し吾が兒、大田々根子《おほたたねこ》をもちて吾を祭らしめたまはば、たちどころに平ぎなむ。また海外《わたのほか》の国ありて、自づからに帰伏《まゐしたが》ひなむ」とのたまふ。

秋八月癸卯の朔己酉、倭迹速神淺茅原目妙姫《やまととはやかむあさじはらまぐはしひめ》・穂積臣が遠祖大水口宿禰《おほみなぐちすくね》・伊勢麻績君《いせのおみのきみ》の三人、共に同じ夢をみて奏《まを》して言《まを》さく、「昨夜の夢に一貴人あり。おしへて曰く『大田々根子命をもちて大物主大神を祭る主となし、亦、市磯長尾市《いちしのながおち》をもちて倭大国魂神を祭る主となせば、必ず天下太平ぎなむ』といふ」とまをす。天皇、夢のことばを得て、益《ますます》心に歓びたまひ、天下に布告して、大田々根子を求ぎたまふに、即ち茅渟県の陶邑《ちぬのあがたすゑのむら》に大田々根子を得て貢《たてまつ》る。天皇、即ち親《みづか》ら神浅茅原《かむあさじはら》に臨《いでま》し、諸王卿《おほきみまへつきみ》と八十諸部《やそもろとものを》とを会《めしつど》へて、大田々根子に問ひて曰く、「汝は其れ誰が子ぞ」とのたまふ。

こたえて曰さく、「父を大物主大神と曰し、母を活玉依媛と曰す。陶津耳《すゑつみみ》が女《むすめ》なり」。亦云はく、「奇日方天日方武茅渟祇《くしひかたあまつひかたたけちぬつみ》が女なり」。天皇の曰はく、「朕、栄楽《さかへ》なむかな」とのたまふ。

十年秋七月丙戌《かふご》の朔己酉、群卿《まえつきみたち》に詔して曰く、「民を導く本は、教化《おしへおもぶ》くるにあり。今、既に神祇を礼ひて、災害皆つきぬ。然れども、遠荒《とおきくに》の人等、猶し正朔《せいさく》（臣従）を受けず、是未だ王化に習はざるのみ。其れ群卿を選びて、四方に遣はし、朕が憲を知らしめよ」とのたまふ。

九月丙戌の朔甲午、大彦《おほひこ》命を以ちて北陸に遣し、武渟川別《かけぬなかわわけ》を東海に遣し、吉備津彦《きびつひこ》を西道に遣し、丹波道主《たにはのみちぬし》命を丹波に遣したまふ。因りて詔して曰はく「若し教を受けざる者あらば、兵を挙げて伐て」とのたまふ。既にして共に印綬を授けて将軍としたまふ。壬子に、大彦命、和珥坂《わにさか》の上に到る。時に少女あり（歌して曰く、一に云ふ、大彦命、山背の平坂《ひらさか》に到る、時に道の側に童女ありて歌して曰く、といふ）。

御間城入彦《みまきいりひこ》はや　己《おの》が命《を》を　弑《し》せむと　窃《ぬす》まく知らに　姫遊《ひめなそ》びすも

一云「大《おほ》き門《と》より　窺《うかが》ひて　殺《ころ》さむと　すらくを知らに　姫遊びすも」といふ。

是に大彦あやしびて、童女に問ひて曰く、「汝が言ひつるは何のことぞ」といふ。こたへて曰く、「言わず。唯、歌ひつるのみ」といふ。

乃ち重ねて先の歌を詠ひ、たちまちに見えずなりぬ。大彦乃ち還りてつぶさに状を以て奏す。是に天皇《すめらみこと》の姑《みをば》、倭迹々日百襲姫命《やまととひももそひめのみこと》、聡明《さと》く叡智《さか》しくましまして、能く未然《ゆくさきのこと》を識りたまへり。乃ち重ねて其の歌の怪を知りまして、天皇に言したまはく、「是、武埴安彦《たけはにやすひこ》が謀反《みかどかたぶ》けむとする表ならむ。吾が聞く、武埴安彦が妻吾田媛《あたひめ》、ひそかに来りて倭《やまと》の香山《かぐやま》の土を取り、領巾《ひれ》の頭につつみて、のろひて曰く、『是、倭国《やまとのくに》の物実《ものしろ》』とまをし、則ちかへると。是を以ちて事あらむと知りぬ。早く図るに非ずは、必ず後れなむ」とまをしたまふ。

是に、更に諸将軍を留めて議りたまふ。未だ幾ばくもあらずして、武埴安彦、妻吾田媛と謀りて反逆けむとし、いくさを興して忽ちに至る。

各道を分ちて、夫は山背より、婦は大坂よりともに入り、みやこを襲はむとす。時に天皇、彦五十狭芹彦《いさせりひこ》命を遣し、吾田媛のいくさを撃たしめたまふ。

即ち大坂に遮り、皆大きに破り、吾田媛を殺してことごとくにその軍卒を斬る。また、大彦と和珥臣《わにのおみ》が遠祖、彦国葺《ひこくにぶく》とを遣し、山背に向ひて埴安彦を撃たしめたまふ。

ここに忌瓮《いはひべ》（呪術に使う神聖な甕）をもちて和珥《わに》の武鐰坂《たけすきのさか》の上にすへて、則ち精兵を率ひて那羅山《ならやま》に登りていくさす。

時に官軍いはみて（集まって）草木をふみならす。

因りて其の山を名付けて那羅山と曰ふ。

輪韓河《わからかは》（現　木津川）に到り、埴安彦と河を挟みいはみ、おのおの相挑む。

故、時の人改めて其の河を号つけて挑み河と曰ふ。

今し泉河と謂ふは訛れるなり。

埴安彦、望みて、彦国葺に問ひて曰く「何の由にか、汝、いくさを興し来るや」こたへて曰く「汝、天に逆ひて無道なり、王室を傾けむとす。故、義兵を挙げて汝が逆ふるを討たむとす、是、天皇の命なり」といふ。是に、おのおの先に射ることを争ふ。武埴安彦、先に彦国葺を射る、あたること得ず。後に彦国葺、埴安彦を射る、胸にあてて殺す。其の軍衆、脅えて退く。則ち追ひて河の北に破りて、首を斬ること半に過ぐ、屍骨《かばね》多《さわ》にはふりたり、故、其処を号けて、羽振苑《はぶりその》（現　祝園《ほうその》）と曰ふ。


是の後に、倭迹々日百襲姫命、大物主神の妻となる。然れども、其の神常に昼は見へずして夜のみ来ます。倭迹々姫《やまとととひめ》命、夫に語りて曰く「君、常に昼は見てたまはねば、あきらかに其の尊顔《みかほ》を視たてまつることを得ず。願はくば暫留《しばしとど》まりたまへ。明くる旦《あした》（朝）に仰ぎて美麗《うるは》しき威儀《みすがた》を観たてまつらむと欲ふ」といふ。大神答へて曰く「言理灼然《ことわりいやちこ》（明らか）なり。

吾、明くる旦に汝が櫛笥《くしげ》（化粧箱）に入りて居む。願はくは吾が形にな驚きそ」とのたまふ。

爰に倭迹々姫命、心の裏に密《ひそか》にあやしび。明くるを待ちて櫛笥を見れば、遂に美麗しき小《こを》蛇《ろち》あり、其の長さ大さ、衣の紐《ひも》のごとし。則り驚きて叫けぶ。時に大神、恥ぢて忽《たちまち》人の形に化り、其の妻にかたりて曰く「汝、忍びずて吾にはぢ（恥）みせつ。吾、還りて汝にはぢみせつ」とのたまふ。

仍りて大虚《おほぞら》をふみて御諸山《みもろやま》（三輪山）に登ります。爰に倭迹々姫命、仰ぎ見て悔ひて急居《つきう》（尻もちをつく）、則ち箸を陰《ほと》につきて薨《かむさ》ります。乃ち大市《おほいち》に葬る。故、時の人、其の墓を号《なづ》けて箸墓といふ。是の墓は、日（昼）は人作り、夜は神作る。故、大坂山の石を運びて造る、則ち山より墓に至るまで、人民相つぎて、手遞伝（手ごし）にして運ぶ。時の人、歌して曰く、

大坂に　継ぎ登れる　石群《いしむら》を手遞伝《たごし》に越さば　越しかてむかも

といふ。

冬十月乙卯の朔に、群臣に詔して曰はく、「今し反《そむ》きし者、悉《ことごと》くに誅《つみ》に伏し、畿内《うちつくに》に事なし。但し海外《わたのほか》（畿外）の荒ぶるひとどものみ、騒動《さわ》くこと未だ止まず。其れ四道将軍《よつのみちのいくさのきみ》等、

今し忽ちに発《まか》れ」とのたまふ。

『新編日本古典文学全集　日本書紀』（小学館）参照

〈著者紹介〉
深田浩市（ふかだ　こういち）
昭和42年　京都府生まれ
立命館大学理工学部卒業
歴史研究家
全国邪馬台国連絡協議会会員

天皇家の卑弥呼
誰も気づかなかった
三世紀の日本

定価（本体1500円＋税）

乱丁・落丁はお取り替えします。

2018年 3月26日初版第1刷発行
2018年 5月16日初版第2刷発行
著　者　深田浩市
発行者　百瀬精一
発行所　鳥影社 (choeisha.com)
〒160-0023 東京都新宿区西新宿3-5-12トーカン新宿7F
電話 03(5948)6470, FAX 03(5948)6471
〒392-0012 長野県諏訪市四賀229-1(本社・編集室)
電話 0266(53)2903, FAX 0266(58)6771
印刷・製本　モリモト印刷・高地製本

ISBN978-4-86265-651-3 C0021